동양 고전으로 이해하는
한중일 협상전략

협상의 힘

協嚌

동양 고전으로 이해하는
한중일 협상전략

협상의 힘

김민호 · 안미영

민음사

비슷하지만 다른 한중일, 정체성 파악이 곧 협상전략이다!

각 국가에는 그 국가만의 정체성이 있다. 이 정체성이 그 국가의 뿌리다. 이 정체성을 모르면 그들의 언어나 행동, 결정 방식을 이해할 수 없다.

한중일 3개국은 외모적으로는 상당히 비슷하고, 한자를 폭넓게 사용하며, 유교라는 문화적 공통점을 지니고 있다. 그러나 겉으로는 비슷해 보이지만 3개 국가는 깊이 들어가면 많이 다르다는 것을 알 수 있다. 피상적으로 '아시아 국가이기에 비슷하게 접근하면 되겠지.' 하고 안일하게 생각하면 기획하고 있는 협상과 비즈니스를 위험에 노출시키게 된다.

무엇보다 한중일은 큰 시장이다. GDP 순위(명목기준)만 본다면, 중국이 세계 2위, 일본이 3위, 한국이 11위다. 더군다나 경제성장률, 잠재력, 체결되거나 추진 중인 국제통상조약 등을 함께 고려할 때는 그 미래 가치는 세계에서 가장 주목할 만한 지역임에 틀림없다. 대표적으로 2017년 11월 트럼프 방중단이었던 골드만삭스 최고경영자 로이드 블랭크파인은 "중국 경제가 미국을 추월하는 것은 단지 시간문제"이며, "구매력 기준으로는 이미 미국을 압도했다."고 역설하였다.

그렇다면 어떻게 한중일의 정체성을 발견할 수 있을까? 기본적으로 정체성은 세 가지 특성에 의해 만들어진다. 첫째, 정체성은 역사로부터 만들어진다. 한국전쟁에서 한강의 기적을 일군 한국, 공산국가로 G2까지 성장한 중국, 2차 세계대전 패전에서 세계 경제 대국으로 성장한 일본은 각각 독특한 역사를 갖고 있다. 둘째, 정체성은 지역 특성에 의해 만들어진다. 반도에 살고 있는 한국, 세계에서 네 번째로 큰 영토를 갖고 있는 중국, 섬나라인 일본. 즉, 서로 다른 자연환경, 기후를 갖고 있다. 셋째, 정체성은 각 국가 구성원의 특성을 포함한다. 그들의 언어, 민족구성, 문화 등이다.

정체성을 이해하면 협상 스타일(언어, 행동, 결정방식)이 이해되고, 어떻게 한중일 협상에 접근하면 되는지 이해하게 될 것이다. 인문학(정체성 – 역사, 지역특성, 구성원)에 접근하면, 협상전략이 세워진다는 의미다.

책의 특징

이 책은 다음과 같은 특징을 갖고 있다.

첫째, 인문학과 글로벌 협상을 융합하였다. 자칫 딱딱할 수 있는 협상이라는 주제를 역사, 지역 특성, 구성원 등의 인문학적 요소를 가미하여, 재미있게 접근할 수 있도록 기획하였다. 특히, 중국 고전(『손자병법』, 『삼십육계』 등)을 통해 협상이론을 설명함으로써 그 흥미를 배가했다.

둘째, 협상 단계별로 필요한 협상 매뉴얼을 제공하고, 미국 변호사인 저자가 실제로 참여한 협상 사례(회사명, 지역, 구체적인 협상 내용 등은 각색하였다.)들을 소개함으로써 생생한 현장성을 경험할 수 있도록 기획하였다. 이러한 매뉴얼과 협상 사례는 독자들의 협상에 바로 적용할 수 있기에 더욱 유익하다.

셋째, 한국, 중국, 일본의 협상 스타일을 비교하여 소개한다. 한중일은 같은 아시아권 국가들이라 협상 스타일에 공통점도 있지만, 확연한 차이를 보이는 부분도 있어, 각국의 협상스타일을 명확히 이해하는 데 큰 도움이 된다.

책의 기본 구성

각 장마다 흥미로운 중국 고전과 협상이론을 연계하여 설명한 뒤, 비즈니스 현장에서 전문성을 살릴 수 있는 협상 매뉴얼, 협상 노하우, 협상 사례가 소개되도록 구성하였다.

5단계 접근법

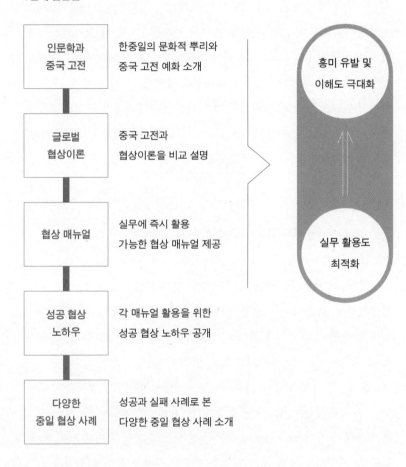

| 인문학과 중국 고전 | 한중일의 문화적 뿌리와 중국 고전 예화 소개 |

흥미 유발 및 이해도 극대화

| 글로벌 협상이론 | 중국 고전과 협상이론을 비교 설명 |

| 협상 매뉴얼 | 실무에 즉시 활용 가능한 협상 매뉴얼 제공 |

실무 활용도 최적화

| 성공 협상 노하우 | 각 매뉴얼 활용을 위한 성공 협상 노하우 공개 |

| 다양한 중일 협상 사례 | 성공과 실패 사례로 본 다양한 중일 협상 사례 소개 |

책의 저자

이 책은 협상 전문가인 김민호 미국 변호사와 비즈니스 커뮤니케이션 전문가이자 저널리스트인 안미영 교수가 공저했다. 다양한 글로벌 협상에 참여한 미국 변호사와 다양한 해외 미디어에서 활동한 비즈니스 전문기자의 조합을 통해 시너지를 극대화하였다. 또한 두 저자가 정부, 기업, 대학에서 다년간 강의 및 연구해 온 비즈니스 협상의 노하우를 집대성한 결과물이기도 하다. 20여 년간 두 저자가 직접 체험한 경험을 인문학적 틀에 담아 우리만의 목소리로 재창조하였다.

책의 활용

그렇다면 이 책은 어떤 이들에게 도움이 될까?

첫째, 이 책은 중국과 일본 기업과의 협상을 앞두고 있는 비즈니스맨들에게 유용한 도서다. 글로벌 거래와 문화적 갈등이라는 생소함과 마주한 이들에게, 중일 기업과 협상 시 전략, 행동 요령, 주의할 점 등 실제 사례 중심으로 저술되었기에 부담 없이 읽을 수 있다.

둘째, 이 책은 누구나 읽을 수 있는 인문서적이며, 교양서적이다. 한중일 문화, 손자병법, 삼십육계 등을 협상이라는 관점에서 접근하는 방식은 모두에게 흥미를 자아내기 충분하다. 이는 단순히 흥미를 넘어, 한중일을 그 중심까지 뚫어 보는 관점을 제공할 것이다. 또한 한중일과 여타 국가(미국, 유럽 등)의 협상 스타일 비교는 독자들의 사고의 깊이를 더해 주는 요인이 될 것이다.

셋째, 이 책은 기업의 직무역량 강화 프로그램 교재 혹은 실무를 가르치는 대학의 강의 교재로도 활용될 수 있다. 협상의 이론뿐만 아니라 실전 협상 사례 및 전략 등을 다양하게 소개하였을 뿐 아니라, 저자들이 직접 개발한 협상 매뉴얼이 제공되기 때문이다.

이 책은 두 저자의 오랜 노력과 경험의 산물이다. 이 책을 통해 기업의 비즈니스 경쟁력이 강화되고, 글로벌 협상을 원만하게 진행할 수 있는 협상 전문가가 배출되며, 문화적 차이를 극복한 글로벌 소통이 좀더 원활하게 이루어지기를 소망해 본다. 그동안 이 책에 출간에 직접, 간접적으로 도움을 준 모든 분들께, 특히 서강대학교 국제대학원 안세영 명예교수님께 감사의 인사를 전한다.

2019년 5월
서울에서

차례

1부

협상의 기초적 이해

중국 고전과
협상이론
1

중국 고전과
협상이론

1

『손자병법』과
하버드대학교 협상이론

1

중국 고전1 한중일에서 손자병법의 위상

무경십서(武經十書: Ten Military Classics)는 중국의 대표적인 고대 병법서 열 권을 의미한다. 『손자병법』, 『오자병법』, 『사마법』, 『삼십육계』 등이 포함되는데, 그중 최고의 전략서라고 하면 한중일 삼국에서는 『손자병법』을 떠올리는 사람이 많을 것이다. 2500년 전에 출현한 한 천재 전략가가 제시한 『손자병법』은 미국의 아이비리그 경영대학원에서 활용되기도 하며, 빌 게이츠가 즐겨 읽었을 정도로 현대 비즈니스에 실질적으로 적용될 수 있는 고전이다.

기원전 500년경 고대 중국에 '오나라'에 장군이 된 손무는 탁월한 군사적 재능을 발휘한다. 『손자병법』은 바로 이 손무가 기록한 총 열세 권의 전쟁 전략서. 기원전 506년에 오나라는 이웃 국가인 초나라와 전쟁을 벌이게 되는데, 손무의 뛰어난 병법이 현실에서도 큰 위력을 발휘한다. 예를 들면, 양동작전(적의 경계를 분산시키기 위해 병력이나 장비를 기동하여 공격할 것처럼 적을 속이는 작전)으로 몇 배나 많은 초나라 군대와 대적해 승리를 거둔다. 이후 계속된 전투에서 승리하며 진격을 거듭한 오나라는 단 열흘 만에 초나라의 수도를 함락시킨다. 이처럼 손무가 『손자병법』을 기초로 활약하는 동안 오나라는 강대국으로서 주변 국가들에 세력을 떨쳤다.

『손자병법』은 단순히 중국에만 영향을 미친 것이 아니라, 한중일 모두에게 가장 영향을 많이 준 전술서다. 물론 『손자병법』은 병법서이지만, 현대 시대에는 전쟁을 넘어 다양한 분야에 적용될 수 있는 리더십 서적으로 이해되고 있다. 물론 협상에도 가장 잘 적용될 수 있는 중국 고전이다. 특히 『손자병법』은 '단기전 지향 병법서'라는 특징 때문에 주로 단기간에 마무리되는 협상에는 더욱 적용되는 부분이 넓다.

하버드대학교의 협상이론

협상은 과연 무엇인가? 『손자병법』 혹은 여타 다른 병법서들이 말하는 것처럼 '승리'를 쟁취하기 위해 진행해야 하는 것인가? 하버드대학교의 로저 피셔와 윌리엄 유리 교수는 협상에는 기본적으로 다음 세 가지의 협상 유형이 있다고 설명한다.[1]

경성입장 협상

연성입장 협상

원칙협상

첫째, 경성입장은 기본적으로 상대를 신뢰할 수 없는 적대자로 보고, 협상의 목적을 승리에 둔다. 승리를 위해 위협과 압력과 같은 무리한 전략 활용도 마다하지 않는다. 경성입장은 '전쟁 승리에 강한 목적을 둔' 『손자병법』, 『삼십육계』 등 병법서들과 많은 부분들을 공유한다고 볼 수 있다.

둘째, 연성입장은 상대를 친구로 보고 우호적으로 대하며, 협상의 목적을 합의로 보고, 관계에 그 무게를 더하는 입장이다. 비록 대부분의 병법서들이 전쟁 승리에 대한 전략을 강조하고 있지만, 연성입장에 대한 중요성도 각 병법서의 다양한 에피소드에서 소개되고 있다.

셋째, 원칙협상은 기본적으로 '상대의 신뢰성'에 상관없이 협상을 진행하며, 합리적인 합의를 협상의 목적으로 둔다. 즉 협상과 관계를 분리하여 원칙적이며 이성적으로 판단하여 합의를 이루는 입장이다.

이를 요약하여 표로 정리하면 다음과 같다.

---

1 Fisher, R. & Ury W., *Getting to Yes: Negotiating Agreement Without Giving In*, 2nd ed., New York: Penguin Book, 1991, pp. 9-13.

구분	경성입장 협상	연성입장 협상	원칙협상
협상 목적	승리	합의	합리적 합의
상대 인식	불신의 대상(적수)	신뢰의 대상(친구)	문제 해결자
합의 방식	합의 대가로 일방적 양보 요구	합의 혹은 관계를 위해 양보	관계와 협상을 분리해서 생각
협상 태도	상대와 협상이슈에 강경한 태도	상대와 협상이슈에 부드러운 태도	상대에 부드러우나 협상이슈에는 강경함
협상 접근	위협과 압력 등 활용	양보와 수용	이성적 판단

◉ 『손자병법』의 경성입장 vs. 『사마법』의 원칙입장

위의 입장들을 중국 고전에 적용해 본다면, 『손자병법』과 『삼십육계』 등의 병법서들은 절대적으로 경성입장을 취하고 있다. 『손자병법』 1편(시계편)에는 다음과 같은 내용이 기록되어 있다.

전술의 핵심은 적을 속이는 것이다. 가능하면서도 할 수 없는 것처럼 보이고, 필요한 것을 필요 없는 것처럼 보이게 한다 (……) 상대방의 약점을 이용하고 적군의 의표를 찌른다. 이것이 전술의 핵심이다.

상대를 불신하고, 적을 속여 원하는 것을 획득하는 것이 전형적인 병법서의 내용임을 알 수 있다.

그러나 병법서마다 약간씩 입장이 다른데, 『사마법』은 원칙협상 쪽에 가까운 병법서로 보인다. 『사마법』은 제나라의 병법가 사마양저의 저서로 알려져 있다. 특히 전한 초기에는 『손자병법』, 『오자병법』과 더불어 '3대 병서'로 인식되었고, 조조 등의 많은 주석가들이 병법서를 주석하면서 『사마법』을 자주 인용하였다. 『사마법』의 큰 특징 중 하나는 '장수의 덕목'에 관한 것이다. 즉 인(仁), 의(義), 신(信), 용(勇), 지(知) 등의 덕목에 군례를 뜻하는 예(禮) 덕목을 추가하여, 육덕(六德)을 장병들에게 확산시킬 것을 주장한다.

다시 설명하면, 정의를 위하고 불의를 타파하기 위한 원칙하에 전쟁을 치르되, 적국에게도 인의도덕을 적용하고, 심지의 적국 백성의 사유재산에 손을 대지 못하게 하였다. 즉 상대에게는 부드럽지만, 원칙하에 전쟁을 치른다는 원칙협상과 유사한 입장을 취하고 있는 것을 알 수 있다.

〈표2〉『손자병법』과『사마법』비교

	손자병법	사마법
전쟁 목적	국가에 이익이 될 경우에 전쟁	정의를 위하고 불의를 타파하기 위해
중점 사항	상대를 속이고, 약점을 이용하여 승리	인의도덕을 중시한 '의전론(義戰論)'
적국 인식	적지에서 군량을 조달하는 것 지향	적국 백성의 사유재산에 손대지 못하게 함

● 중국 경성협상 vs. 한국 연성협상 vs. 일본 원칙협상

그렇다면 중국 혹은 일본과 협상을 할 때는 기본적으로 어떤 입장을 취할까? 결론적으로 이야기하면, 중국은 원칙협상과 경성입장의 중간 형태, 한국은 연성입장과 원칙협상의 중간 형태, 일본은 원칙협상을 취하는 것으로 보인다.

그 이유를 간단히 설명하면 다음과 같다. 중국은 전통적으로 관계를 중요시하는 '관시' 문화를 갖고 있다. '관시'는 내부자들과만 중요 정보를 공유하고, 친구로 인식한다는 의미를 갖고 있다. 근대 역사를 통해 많은 전쟁과 아픔을 겪으면서 '관시' 밖에 있는 이들은 잘 신뢰하지 않는 경향이 생기게 되었다. 또한『손자병법』과『삼십육계』등의 가르침이 그들을 더욱 경성입장에 서도록 만들었다. 그래서 중국과의 협상 시 그들의 '관시' 속으로 들어갈 수 있는지 여부가 핵심으로 등장하는 경우가 많다. 이론적으로는 가능할 수도 있지만, 많은 노력을 하더라도 현실적으로는 쉽지 않을 것이다. 즉 중국은 기본적으로 원칙협상과 경성입장의 중간 정도의 위치를 갖고 있다고 볼 수 있다.

한편 한국이 연성입장 협상에 가까운 이유는 유교의 영향이 크다.

유교는 한국에서는 '정(情)'이란 문화로 꽃피우게 된다. '정'은 기본적으로 상대와의 관계를 위해 자기의 것을 포기하는 헌신이 포함된 의미다. 예를 들면, 한중일 3국 중에서 '교환의 법칙'이 가장 잘 적용되는 국가가 한국일 것이다. 즉 '이번에 한 번 나에게 양보해 주면, 다음에 제가 잘해 드릴게요.'가 가장 많이 적용되는 국가일 것이다. 그러나 유학생의 증가, 증가되는 국제무역, FTA 협상 등을 통해 급격히 글로벌화되어, 최근에는 협상을 합리적으로 진행하고자 하는 합리성도 많이 확산되고 있다. 따라서 현재 한국은 연성입장과 원칙협상의 중간 정도에 위치해 있다고 볼 수 있다.

마지막으로, 일본의 경우에는 전형적인 '원칙협상 스타일'을 보인다. 상대 협상자에게는 상당히, 때로는 과도하게 친절하지만, 협상사안에 대해서는 미국 협상가처럼 획득된 정보를 기준으로 객관적으로 평가하는 태도를 보인다. 일본에서의 교육과 사회활동이 모두 매뉴얼로 이루어지는 것은, 그들이 얼마나 원칙에 입각한 생활태도를 갖고 있는지를 보여주는 단적인 예다.

지금까지 설명한 것을 정리하면, 한중일과 협상 시 취하는 입장은 다음과 같이 요약될 수 있다.

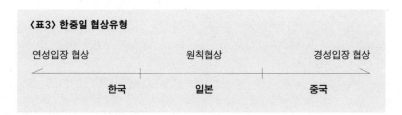

〈표3〉 한중일 협상유형

연성입장 협상 · · · · · · 원칙협상 · · · · · · 경성입장 협상

한국 　　　　일본　　　　중국

손자의 전쟁요소 vs. 와튼스쿨의 협상정의

2

중국 고전2 전쟁의 승리요소 책작형각

손자는 전쟁에서 승리하는 법과 그것을 이루는 구성요소를 다음과 같이 설명하였다.

"계책을 세우는 것은 얻는 것과 잃는 것을 계산하여 아는 것이고, 행동을 하는 것은 적의 낌새와 이치를 아는 것이며, 적이 형태를 보이게 하는 것은 그들의 생사의 본질을 아는 것이고, 비교하는 것은 적의 풍부함과 부족함을 분별하는 것을 아는 것이다. 단 우리 군대의 형체가 드러나지 않는 것이 중요하다. 전쟁에서 승리하는 방법은 같은 계책을 다시 쓰지 않는 것이며, 상대에 적절히 대응해야 한다."

손자의 설명을 통해, 전쟁의 승리요소는 '책작형각'으로 구분된다는 것을 알 수 있다.

첫째, 분석과 판단을 위한 책(策)이 필요하다. 이를 통해 자신이 얻을 것과 잃을 수 있는 것을 파악하여, 득이 많은지 실이 많은지 계산해 보는 것이다.

둘째, 실행에 옮기기 위한 작(作)이 필요하다. 즉 조사를 통해 상대에 대해 파악하고, 우리에게 무엇이 득이 되고 실이 되는지 파악하여, 득이 될 때만 행동을 하는 것이다.

셋째, 본연의 모습인 형(形)이 필요하다. 이를 위해 상대의 형체는 드러나도록 해야 하고, 우리의 형체는 숨기는 것이 중요하다.

마지막으로, 비교하는 각(角)이 필요하다. 즉 상대군과 아군을 비교하여, 풍부한 부분과 부족한 부분을 찾아 준비하는 것이 중요하다.

이 네 가지 요소를 갖추었더라도 상대에 맞추어 매번 다른 전략을 사용하고, 적절히 대응해야 승리한다고 손자는 강조하고 있다.

● 협상의 정의

미국 와튼스쿨의 리처드 쉘 교수는 협상을 다음과 같이 정의한다.[2]

> 협상이란 자신이 협상 상대로부터 무엇을 얻고자 하거나 상대가 자신으로부터 무엇을 얻고자 할 때 발생하는 상호작용적인 의사 소통과정이다.

이 정의를 분석하면 다음과 같이 세부화될 수 있는데, 이는 협상의 세 단계를 의미한다.

첫째, 자신이 상대에게 무엇을 원하는지 명확히 해야 한다.　　**협상 준비**

둘째, 상대가 자신에게 무엇을 원하는지 확인해야 한다.　　**리서치**

셋째, 합의를 이루기 위해 상호작용적인 소통을 해야 한다.　　**본협상**

● 협상의 요소

협상자는 협상을 통해 자신이 원하는 것을 상대로부터 최대한 획득하기를 희망할 것이다. 그 희망을 이루기 위해서는 협상요소 간의 상관관계를 파악하는 것이 중요하다. 즉 협상 단계별로 필요한 협상요소가 있고, 그 요소들을 충족할 때 협상을 희망하는 데로 마무리할 수 있다는 것이다. 단계별 협상의 요소는 아래 표와 같다.

〈표4〉 협상의 단계

협상의 단계	협상요소
1단계. 자신이 상대에게 무엇을 원하는지 명확히 해야 한다.	협상목표, 협상대안(BATNA)
2단계. 상대가 자신에게 무엇을 원하는지 확인해야 한다.	정보(수집, 분석)
3단계. 합의를 이루기 위해 상호작용적인 소통을 해야 한다.	협상전략, 관계성

2　G. Richard Shell, *Bargaining For Advantage: Negotiation Strategies for Reasonable People*, Viking Penguin, 1999. p. 6.

표에서 보여지는 것처럼, 협상 요소는 크게 다섯 가지로 구성되며, 이는 협상의 5대 요소가 된다.

협상목표

협상대안

정보(수집, 분석)

협상전략

관계성

1단계는 자신이 상대에게 무엇을 얻어야 하는지 명확히 해야 함으로, 협상 목표를 설정해야 한다. 또한 이 과정에서는 협상 목표의 성취가 어려울 때를 대비하여 대안을 만들어야 한다. 이는 손자가 이야기한 책(策)에 해당한다. 즉 얻을 것과 잃을 수 있는 것을 파악하여, 득이 많은지 실이 많은지 계산해 보는 것처럼, 어떤 것을 협상을 통해 획득하고 양보할 것인지 협상목표를 명확히 해야 한다.

협상목표를 설정하기 위해서는 우선 협상의 안건들을 파악하고, 각 안건들의 우선순위를 내부적으로 결정하는 것이 중요하다. 우선순위가 높다는 것은 꼭 획득해야 하는 안건임을 의미하고, 우선순위가 상대적으로 낮다는 것은 상대에게 양보가 가능한 안건임을 보여 주게 된다. 리처드 쉘 교수는 "협상을 대비한 목표가 명확하지 않으면 협상 시 상대방에게 어느 시점에 '예' 혹은 '아니오'라고 할지 모른다."고 하였다.

합리성이 전제만 된다면, 협상목표는 높을수록 좋다. 협상목표가 높으면 기대수준과 성취동기가 올라가게 되므로 높은 협상성과를 얻을 가능성이 높아지게 된다.

만약 협상목표를 원래 계획한 대로 이룰 수 없다면, 이때는 협상대안이 필요하게 된다. 이 협상대안을 전문용어로 BATNA(Best Alternative to

Negotiated Agreement)라고 한다. BATNA는 협상에서 상대와 합의가 이루어지지 않을 경우 내가 선택할 수 있는 대안 중 최상의 대안을 의미한다. 내가 가진 협상대안이 많을수록 나는 더 적극적으로 내 포지션의 공세를 펼칠 수 있다. 그러므로 협상 이전에 자신들에게 협상대안이 존재하는지, 혹은 창조적으로 개발해야 하는지 미리 점검해야 한다.

2단계에서는 상대가 자신에게 원하는 것을 파악해야 하는 단계다. 즉 정보수집과 분석이 관건이 되는 단계다. 손자가 언급한 작(作)과 형(形)이 이에 해당한다. 즉 상대의 정보를 파악하고 분석함으로써 협상을 구체적으로 실행에 옮겨야 할 수 있는지 파악할 수 있기 때문이다.

정보수집은 크게 상대방 정보와 협상환경 정보로 구분된다. 상대방 정보는 상대 협상자의 지위, 시간의 제약, 내부자 반발, 상호의존성, 상대방 기업 등의 정보를 의미하고, 협상환경은 협상을 둘러싼 사회, 기술, 경제, 환경, 정치(법률) 등의 정보를 말한다.

이러한 정보는 협상력을 증가시키는 데 크게 도움을 준다. 예를 들면, 협상자의 지위가 높을수록 협상력은 올라가게 되는데, 특히 한중일에서는 그 영향력이 더 크다 할 것이다. 동일한 접근으로, 시간제약의 정보도 중요하다. 기본적으로 시간의 제약이 많을수록 협상력은 떨어지게 되는데, 미국이나 유럽은 시간에 대해 민감한 편이다. 이를 재해석하면, 서구권의 경우 협상이 막바지에 이르게 되고, 마감 시간에 가까울수록 양보하는 폭이 커질 수 있다는 의미이기도 하다. 반대로, 한국과 중국은 상대적으로 시간에 대해 느슨한 편이다.(일본은 해당되지 않는다.) 즉 마감 시간을 넘기는 것에 대한 부담감도 적은 편이고, 내부 조직구조의 영향 등으로 결정시간도 오래 걸리는 편이다. 요즘은 중국이 글로벌화되면서 속도감이 생겼다고 하지만, 중국이 '만만디'라는 별명을 갖게 된 것도 이런 이유다.

손자가 이야기한 것처럼, 정보수집 과정에서는 상대에게 우리의 숨은 의도를 들키지 않고, 상대의 것을 파악하는 것이 관건이다. 정확한 협상정보를 많이 얻을수록 긍정적인 협상성과에 영향을 미치므로, 빠진 정보가 없는지, 틀린 정보가 없는지 꼼꼼히 확인해야 한다.

3단계에서는 합의를 이루기 위해 상호적인 소통을 해야 한다. 최종적인 결실을 맺기 위해 손자가 이야기한 각(角)이 필요한 시점이다. 즉 상대와 비교하여 풍부한 부분과 부족한 부분을 찾아 준비하는 것이 중요하다는 것이다. 이러한 준비를 위해서는 모의협상을 해 보는 것이 가장 좋다. 모의사례를 기초로, 한 팀은 우리 협상팀 역할을 하고, 다른 한 팀은 상대팀 역할을 하게 된다.

모의협상 시간에서 원하는 것을 얻어 내기 위한 협상전략을 구축하고, 상대와의 관계성을 높이는 다양한 방법을 구상해 보게 된다. 사실 관계성이 높아지면 협상 성과를 높일 수 있다. 서구권의 경우 관계 형성 이전이라도 거래 중심으로 협상을 진행할 수 있는 반면, 한중일은 관계를 먼저 형성한 후 거래에 들어가는 경향이 있다. 따라서 이 지역에 속한 협상가들의 문화적 특징, 커뮤니케이션 방식, 비즈니스 매너, 관계성 구축 방법 등을 정확히 인식하여 접근하는 것이 관계성 형성에 중요하다.

결론적으로, 전쟁요소와 협상요소는 크게 다르지 않다는 것을 알 수 있으며, 대칭되는 요소들을 정리해 보면 다음과 같다.

〈표5〉 전쟁요소와 협상요소의 대칭관계

협상단계	전쟁요소	협상요소
1단계	책(策)	협상목표, 협상대안
2단계	작(作)과 형(形)	정보수집, 정보분석
3단계	각(角)	협상전략, 관계성

『삼십육계』와
트릭전략

3

중국 고전3 『삼십육계』의 구성과 병불염사

손자병법과 더불어 대표적인 병법서가 『삼십육계』다. 『삼십육계』는 무경십서 중 가장 현실에 가까운 전술이고, 실전에서 활용도가 높다. 『삼십육계』는 춘추전국시대(B.C. 403-221) 시대 혹은 삼국 시대(B.C. 220-265)의 전술에서 비롯된 것이다. 이의 구성은 다음과 같이 이루어져있다.

01계 — 06계	승전계	아군의 형세가 승리할 조건과 위치에 있을 때의 전략
07계 — 12계	적전계	아군과 적군의 전력이 비슷할 때의 전략
13계 — 18계	공전계	자신을 알고, 적을 파악한 뒤 전략을 구상
19계 — 24계	혼전계	적군이 혼란함을 틈타 승기를 잡는 전략
25계 — 30계	병전계	상황에 따라 적군이 우군이 될 수 있는 전략
31계 — 36계	패전계	상황이 불리하여 다시 전세를 역전시키는 전략

『삼십육계』는 트릭전략(기만적 전략)을 전체 기본으로 삼고 있는데, 이는 병불염사(兵不厭詐, 군사의 움직임에는 어떠한 속임수도 마다하지 말아야 한다.)와 맥을 같이하고 있다.

후한 안제 때 서북 변방에 사는 강족(티베트 계통)이 쳐들어왔다. 안제는 우후에게 강족을 막고 쳐부수라고 명하였다. 그러나 우후가 동원할 수 있는 병력은 고작 군사 수천이었던 데 비해, 강족의 병력은 1만여 명이었다. 이 사실을 안 강족의 족장은 상대를 비웃으며 물러나지 않고 우후와 결전을 치르려고 하였다.

이에 우후는 군사 수의 열세를 극복하기 위해 하나의 계책을 수립한다. 군대의 진격을 잠시 멈추고 강족에게 이런 헛소문을 퍼트린다. '우후가 군사의 부족함을 만회하기 위해 급히 황제에게 지원군을 요청하였다.' 이런 소문을 듣게 된 강족은 일단 후퇴를 하게 된다.

이때부터 우후는 군대를 이끌고 강족을 추격한다. 식사 시간을 제외하고는 하루 약 100리를 계속 진군하게 하면서, 그사이 아궁이의 수를 늘려 나가도록 하였다. 이는 우후의 지원군이 도착하여 그 수가 점차 늘고 있는 것처럼 보이기 위한 방법이었다.

우후의 계책을 알지 못하던 한나라 군사들은 우후에게 아궁이 수를 늘리는 이유를 물어 왔다. 이에 우후는 다음과 같이 이야기해 준다. "그 이유는 아군의 수가 점점 늘어나고 있음을 적에게 알리기 위함이다. 아군의 전력이 강해지고 있다고 위장하기 위함이다. 군사의 움직임에는 어떠한 속임수도 마다하지 말아야 한다."

협상은 호혜적인 원칙에 따라 상대와 윈윈(win-win)하기 위해 노력하는 경우도 있지만, 스포츠 경기에서 다양한 전술을 구사하듯 트릭전략(Trick Strategy)을 통해 상대에게 원하는 것을 얻어 내는 경우가 있다. 사실 협상에는 트릭전략 말고도 다양한 전략이 존재한다. 그러나 승리라는 목적을 위해 다양한 기만적인 전술과 전략을 구사하는 중국 병법서들과의 연관성을 설명하자면, 트릭전략이 가장 적절한 예일 것이다.

단 트릭전략을 사용하는 경우라도 법적으로 책임소지가 발생할 수 있는 전략을 사용하는 것은 금지된다. 예를 들면, 가격흥정을 할 때 상대방에게 자신의 BATNA가 없는데, 마치 있는 것처럼 구체적인 정보를 제시할 경우 미국 법원은 '불법행위'라고 판정을 내린 사례가 있다.

트릭전략을 사용하는 것이 꺼림칙할 수도 있겠지만, 만약 상대가 트릭전략을 사용할 경우 최소한 그에 대한 대처할 수 있는 지혜가 필요할 것이다.

● 트릭전략의 종류

기본적으로 트릭전략은 삼십육계와 상당히 맥을 같이하는 부분이
많다. 따라서 이 둘을 비교하여 트릭전략에 대한 이해의 폭을 넓히는 것
은 효과적이라 할 것이다.

〈표6〉『삼십육계』와 트릭전략의 연관성

삼십육계	트릭전략	활용 시기
승전계	암묵적 위협전략 선제공격전략	상대방의 약점을 알거나 갑의 위치에 있을 때
적전계	밸리업전략	상대방과 우리가 대등한 위치에 있어 상대를 방심하게 만들 때
공전계	원칙적 합의전략	상대방의 니즈를 알고 원칙에 따른 협상 전략을 구상할 때
혼전계	미끼협상전략 허위권한전략	상대방을 혼란하게 하여 협상을 유리하게 이끌려고 할 때
병전계	악역과 선역전략	돕는 척하면서 궁지에 몰아놓아 상대방을 우군이 되게 만들 때
패전계	지연전략 벼랑끝 협상전략	불리한 위치에 있어 상황을 역전시키고자 할 때

● 암묵적 위협전략

중국 고전4 암묵적인 위엄을 세운 태사자

'만천과해(瞞天過海)'는 『삼십육계』 중 첫 번째 전략으로 '하늘을 속여 바다를 건넌다.'
는 뜻으로서, 적이 전혀 예상하지 못한 방법을 동원해 승리를 거두는 계책이다. 상대의
허점을 찾아 찌르는 전략을 의미한다.

북해 태수 공융이 적에게 포위되었을 때의 일이다. 휘하의 태사자에게 명을 내려 원군
을 청하러 가도록 명하였다. 명령을 받은 태사자는 성 밖으로 태연히 걸어 나왔다. 태
사자와 휘하의 소수만이 성 밖으로 나온 것을 본 적군은 상당히 당황해했다. 태사자는
상대를 전혀 의식하지 않는 듯 언덕에 과녁을 세우고 활쏘기 연습을 하기 시작하였다.
너무 태연하고 당당한 그의 모습에 적군은 감히 범접하지 못하였다.

태사자는 다음 날에도 같은 행동을 하였다. 위엄 있는 그의 돌발행동에 상대는 어떤
대응도 하지 못했다. 태사자는 동일한 일을 수일 동안 지속하였다. 그러자 점차 상대가
경계를 늦추고 자연스런 일로 받아들이기 시작하였다. 태사자의 행동에 어떠한 의심도

갖지 않고 편안하게 지켜보는가 하면, 아예 관심도 주지 않았다. 태사자는 그 틈을 놓치지 않고, 재빨리 말을 타고 포위망을 뚫고 달리기 시작하였다. 태사자의 돌발 행동이 성공적으로 자신의 임무를 완수하도록 한 것이다.

암묵적 위협전략은 상대의 약점을 알고, 그 허점을 암묵적으로 찌르는 전략이다. 이때는 물론 선제공격전략도 함께 활용하면 더 좋을 것이다. 위협전략은 아래의 전제 조건 중 일부가 충족될 때 활용하면 효과적일 수 있다.

상대에게 대응능력이 없거나 의지가 없을 때
자신들과의 관계가 상대에게 중요할 때
상대에게 대안이 없거나 미미할 때
요구한 것을 거절함으로써 상대가 추후 심각한 위협에 노출될 때

예를 들면, 대기업이 협력업체와 협상할 때 이런 일이 종종 있게 된다. 대기업이 협력업체에 무리한 요구를 하더라도, 향후 자신들과의 거래를 중단할 암묵적 협박이 느껴지는 경우, 협력업체는 대기업의 요구가 아무리 부당하더라도 그 요구를 함부로 무시할 수 없게 된다. 특히 한중일은 직접적인 표현보다는 암시적인 표현을 사용하는 관계이므로 이 전략은 효과적으로 사용될 수 있다.

● 밸리업(Belly-up)전략

중국 고전5 웃음 속에 칼을 감춘 이의부

'소리장도(笑裏藏刀)'는 『삼십육계』 중 열 번째 전략으로, '웃음 속에 칼을 감춘다.'는 의미다. 당나라 태종 시절 이의부는 글재주와 행정능력을 고루 갖추었기에 당태종의 신임을 받았다. 당태종이 죽고 고종이 즉위할 때, 고종은 측천무후를 황후로 맞이하려고 하였으며, 이의부가 가장 적극적으로 찬성하여 고종의 절대적인 신임을 받게 된다. 이렇게 황제들의 절대적인 신임을 받고 있음에도 그는 항상 웃음을 짓고 겸손한 사람이었다.

그러나 실은 그는 마음속 깊이 내재된 교활함, 음란함, 사나움 등 자신의 진짜 모습을 감추고 있었다. 하루는 이의부가 감옥을 순시하던 중 미모가 빼어난 사형수를 보고 음심을 품게 되었다. 이에 간수에게 명하여 그녀를 방면하게 하고, 비밀리에 자신의 첩으로 삼게 된다. 그러나 이 비밀은 밖으로 새어 나가게 되었다. 특히 어사 왕의방은 이의부를 탄핵하는 상소를 올렸다. 이사이 이를 두려워한 간수는 자살을 하게 되고, 이의부는 자살한 간수에게 모든 누명을 덮어씌운다. 더군다나 이의부를 신임하고 있던 고종은 그를 탄핵하고자 했던 왕의방을 오히려 지방으로 좌천시킨다. 이의부는 겉으로는 온화하고 겸손하였지만 술수에 능한 자신의 진짜 모습을 감추었던 것이다.

밸리업(Belly-up)은 '배의 밑창이 드러난다.'는 의미로, 자신의 속내를 감추어 약한 척 혹은 뭔가 2퍼센트 부족한 것처럼 행동하여 상대로 하여금 경계를 늦출 수 있도록 하는 전략을 의미한다. 한국어로는 "양의 탈을 쓴 늑대전략"으로 해석되는데, 이 전략을 통해 상대가 방심하게 만들 수 있거나, 나의 사정을 이해하여 연민과 동정심을 가질 수 있도록 유도한다.

예를 들면, 상대를 만났을 때 상대와 만났던 장소와 시간 등을 일부러 기억하지 못하는 척함으로써 상대가 나를 치밀하지 못한 사람으로 인식하여 방심하게 만드는 방법이다. 상대는 방심하고 안도하여 협상을 치밀하게 준비하지 못하고 협상 테이블에 앉게 되고, 이때 치밀하게 준비한 정보 혹은 전략으로 상대의 허를 찌르는 전략이다.

밸리업전략을 잘 사용한 전쟁은 병불염사 후반부가 해당된다.

중국 고전6 상대를 방심하게 만든 우후

후한 안제 때 강족 1만여 명이 쳐들어왔다. 후한의 장수 우후는 강족을 막고 쳐부수라고 명을 받았지만, 우후가 동원할 수 있는 병력은 고작 군사 수천이었다.

드디어 양쪽의 군사가 대치하여 전투를 벌이게 되었다. 우후는 지략을 발휘한다. 자신들에게 있는 강한 활을 숨기고, 사정거리가 짧은 약한 활을 쏘도록 하였다. 강족은 한나라군 활의 사정거리가 짧은 것을 보고 과감히 접근해 오게 된다.

우후는 그때를 놓치지 않고, 사정거리가 긴 강한 활을 쏘게 하여 상대에게 심각한 타격을 입힌다. 상대에게 속은 것을 알고 강족은 후퇴를 감행했지만 미리 매복해 있던 한나라군이 협공을 하게 되었다. 이로 인해 강족은 완전히 달아나게 되고, 전쟁은 승리를 거두게 된다.

제나라의 병법가였던 손빈 역시 나의 강함을 숨기고 상대에게 나를 약하게 보여 승리를 거두는 법을 이야기하고 있는데, 바로 밸리업전략을 잘 설명하고 있다.

그렇다면 과연 밸리업전략은 한중일에서 효과적으로 사용될 수 있을까? 대답은 긍정적이다. 한중일 사람들은 직접적으로 표현되는 언어보다는 '맥락'(context, 비언어 소통, 관계, 장소, 대화 주제 등 메시지 전달에 관련되는 전체적인 상황)으로 상대를 이해하는 경향이 크다. 즉 상대의 미숙한 행동으로 인해 선입견을 가지거나 짐작으로 판단해 버리고 방심하는 실수를 할 가능성이 높아, 한중일에 효과적인 전략이 될 수 있다.

● 원칙적 합의전략

'욕금고종(欲擒姑縱)'은『삼십육계』중 열여섯 번째 전략으로서, '큰 것을 위해 작은 것을 풀어 준다.'는 의미다. 삼국시대 유비가 죽자 각지에서 반란이 일어나게 되었다. 제갈량은 위나라를 공략하고 유비의 뜻을 이루기 위해서는 우선 반란을 진압해야 했다. 문제는 유비의 아들 유선은 아직 이를 해결할 역량이 부족하였다. 다행히 유선의 곁에는 든든한 제갈량이 있었다. 제갈량은 자신의 지략을 발휘하여, 적진에 유언비어를 퍼뜨리고 적진 내부가 서로 대적하도록 이간책을 썼다. 이는 적중하여 제갈량의 계략대로 적들은 서로에게 칼을 겨누게 된다.

마지막 반란군의 수장은 맹획이라는 장수였다. 그러나 얼마 후 제갈량은 그를 생포하게 된다. 맹획이 오랑캐로부터 절대적인 신임을 받고 있어, 그를 죽이는 것보다 오랑캐 회유책을 쓰는 것이 옳다고 판단하게 된다. 즉 제갈량은 오랑캐를 진멸하는 것보다는 그들에 대해 회유책을 쓰는 것을 전략적 원칙으로 세우게 된 것이다. 그래서 맹획을 풀어주게 된다. 풀려난 맹획은 다시 전열을 정비하고 또다시 반란을 일으키고, 다시 사로잡힌다. 이때 제갈량은 자신의 세운 원칙에 따라 그를 다시 방면한다.

이렇게 총 일곱 번을 하게 되고, 이에 감복한 맹획은 결국 반란을 포기하고 제갈량의 부하가 된다. 여기에서 '칠종칠금'이란 말이 나오게 되며, 욕금고종의 대표적 사례다.

원칙적 합의전략은 우선 큰 틀에서 합의를 전제로 하고, 그 세부사항을 합의하는 방식이다. 원칙적 합의를 하기 위해 우리는 무엇을 취해야 할지, 상대에게는 무엇을 주어야 할지가 결정되어야 한다. 이를 위해서는 공전계에서 강조된 것과 같이, 내부회의와 상대에 대한 철저한 사전조사가 선행되어야 가능할 것이다.

제갈량은 맹획을 풀어 주는 원칙을 지키기 이전에, 그에 대해 미리 조사했다는 것에 주목해야 한다. 즉 맹획은 많은 오랑캐의 신임을 받고 있었기에, 원칙에 따라 그를 풀어 주는 것이 좋다고 판단하게 한 것이다. 지금 당장은 맹획이라는 장수를 풀어 줌으로써 무엇인가를 포기하는 것 같지만, 향후 많은 손실 없이 반란을 진압할 수 있는 가장 적절한 방법이었다.

협상 시 어떤 안건에 대해 잘 합의가 이루어지지 않는 경우, 원칙적 합의전략을 사용하는 것도 좋은 방법이다. 협상을 하다 보면 합의가 어려운 안건들이 있기 마련이다. 상대도 그 안건이 중요해서 양보하기 싫어서 그런 일이 벌어지는 것이다. 그런 경우 그 안건들에 대해 억지로 합의하려고 노력하다 보면 마음이 상하게 되는 경우가 종종 생긴다.

이런 경우, 상대가 왜 그 안건에 집중하는지를 살펴보는 것이 중요하다. 대부분은 이 안건이 상대에게 무척 중요하거나 상대가 이 안건을 합의해 줄 수 없는 내부적 한계가 있는 경우다. 이럴 때는 합의가 어려운 안건은 뒤로 미루고, 합의가 쉬운 안건으로 화제를 돌리는 것이 중요하다. 우선 합의가 잘 이루어지는 것만 협상을 마무리한다. 그렇게 되면 나중에는 당연히 합의가 어려운 안건들만 남게 된다.

그때 그 안건들에 대해 큰 틀에서 서로 나누어 갖는 것을 제안하는 것이다. 원칙적 합의를 위한 가장 중요한 요소는 쌍방이 인정할 수 있는 공정하고 공평한 기준이 필요하게 된다. 즉 상대가 꼭 원했던 안건을 주고, 반대로 내가 꼭 원하는 안건을 받아 오는 것이 중요하다. 예를 들면, 합의되지 않은 안건이 여섯 건이면, 그중 세 건은 서로 나누어 가지고, 세부적인 것은 추후 상의하는 방식이다. 그리고 세 건 안에는 서로가 원하는 안건이 포함되어 있는 것이다.

한중일에서는 중요한 문화가 '교환의 법칙(reciprocity)'이다. 이번에 내가 한번 주면, 다음에 상대가 나에서 줘야 하는 암묵적이고 원칙적인 합의다. 이 경우, 교환의 법칙이 말로 이루어지지 않고, 맥락(정황적 상황)으로 이루어질 경우가 많아 서양 협상가들은 이를 정확히 간파하기 어려울 수 있다.

● 미끼협상전략/ 허위권한전략

중국 고전8 미끼에 걸려든 우나라

'가도벌괵(假道伐虢)'은『삼십육계』중 스물네 번째 전략으로서, '길을 빌려 괵나라를 멸한다.'는 의미다. 중국 춘추시대 진나라는 우나라와 괵나라를 공격할 계획을 갖고 있었다. 그러기 위해 묘안을 하나 냈는데, 우나라에 미끼를 제공하기로 한 것이다. 즉 우나라 왕에게 풍부한 옥과 말을 보내 길을 빌려 달라고 부탁하였다.

우나라 왕은 재상인 궁지기와 이에 대해 논의를 하자, 궁지기는 이에 대해 "괵나라가 무너지면 접경에 있는 우리도 위험하게 됩니다."라며 반대하는 의견을 냈다.

그러나 우나라와 괵나라의 밀접한 관계를 이해하지 못하고, 왕은 궁지기의 간언에도 불구하고 눈앞의 이익을 좇게 된다. 결국, 진나라는 괵나라를 먼저 무너뜨리고, 우나라에 쳐들어와 소기의 목적을 달성하게 된다. 결국 우나라 왕이 미끼에 속아 넘어간 것이다.

미끼전략은 두 가지 방식으로 사용될 수 있다. 첫 번째는 우선 상대가 사전에 예측하지 못하거나 무리하게 느끼는 것을 요구한 뒤, 상대가 당황해할 때 미끼 조건을 양보해 주는 대가로 실제 원하는 것을 대신 얻어 내는 방식이다.

예를 들어, 트럼프 대통령은 당선된 뒤, 한국 정부에 사드 미사일 배치에 대한 보상으로 1조 원을 요구한다. 한국 정부는 사전에 전혀 예측하지 못한 내용이고, 무리하게 느껴지는 요구였다. 한국 정부가 곤란해하고 있을 즈음 미국 정부는 한미 FTA 재협상을 요구한다. 이 장면에서, 미국이 사드 미사일 배치에 대해 보상을 요구한 것이 한미 FTA 재협상을 관철시키기 위한 미끼였음을 알 수 있다

두 번째는, 상대에게 구미가 당길 만한 것을 미끼로 제시하고, 상대가 그것을 수락할 때, 그 미끼를 통해 자신이 진짜 원하는 것을 얻어 내는 방식이다. 가도벌괵이 좋은 사례다. 따라서 협상을 할 때, 상대 협상가

가 먼저 제시한 안건이 상대가 진짜 원하는 것인지, 아니면 단순한 미끼인지를 확인하는 것이 필요하다.

허위권한전략도 역시 두 가지 방식으로 사용될 수 있다. 첫 번째는 권한이 없는데 있는 것처럼 행동하는 경우다. 이는 최종 합의를 위한 미팅 이전에 상대와의 협상을 통해 상대의 숨은 의도를 파악하기 위해 사용하는 방식이다. 특히 한중일은 협상 테이블에 앉은 협상자들이 권한을 위임받지 않고 협상에 임할 가능성이 높다. 대부분은 회사에 돌아가서 결제를 받아야 하기 때문이다. 따라서 중국과 일본 협상자와 협상을 할 경우에는 상대 협상가에게 합의할 수 있는 권한이 있는지 확인하고 난 후 자신들의 협상카드를 보여야 한다.

두 번째는 권한이 있는데 없다고 하는 방식이다. 이는 보통 상대가 곤란한 요구를 해 오거나 시간을 벌기 위해 사용된다. 권한이 없다고 이야기할 때는 다양한 방법으로 표현된다. 예를 들면, 다음과 같이 표현된다.

돌아가서 결재를 올려야 하는 상황이다.
회사 정책상 불가능하다.
우리 예산이 확정되어 있어 불가능하다.
결정권자가 출장을 가 있는 상황이라 지금 결정해 주기는 곤란하다.
내부적으로 반발이 있어 쉽지 않다.

가도벌곡에서 우나라 왕은 권한전략을 사용할 필요가 있었다. 예를 들면, 내부적으로 지방 호족들의 반발이 있어서 쉽지 않다는 등의 핑계를 대고 회피하는 전략을 사용했어야 했다.

● 악역과 선역전략

중국 고전9 제갈량을 친구로 만든 유기

'상옥추제(上屋抽梯)'는『삼십육계』중 스물여덟 번째 전략으로서, '지붕으로 유인한 뒤 사다리를 치운다.'는 뜻으로 상대에게 도움이 되는 척하다가 상대를 궁지에 몰아넣는 전략이다. 즉 상대에게 친구가 되었다가 적으로 둔갑하는 전략이다.

후한 시대에 유표의 맏아들 유기는 계모의 미움을 받게 되었다. 유기는 이에 대해 어떻게 대처하면 좋을지 몰라 제갈량에게 자문을 구하게 된다. 그러나 제갈량은 남의 집안일에 간섭하고 싶지 않다면서 어떠한 조언도 하지 않았다.

유기는 어떻게 하든 제갈량의 지략을 듣고 싶어 제갈량을 연회에 초청한다. 연회는 높은 누각에서 베풀어졌는데, 연회 중간에 수하들을 시켜 누각으로 오르는 사다리를 치우라고 한다. 제갈량 자신이 높은 누각에서 내려갈 수 없게 된 것을 인지하였을 때, 유기는 다시 한번 제갈량에게 자신이 어떻게 처신하면 좋을지 조언을 구한다. 제갈량은 하는 수 없이 유기에게 몸을 피하라고 조언을 해 준다. 유기는 그 조언에 따라 스스로 외지로 파견을 나가 위험으로부터 자신을 보호하게 된다.

악역과 선역전략(Bay Guy & Good Guy Strategy)은 상대에게 적이 되기도 하고, 친구도 되기도 하는 전략이다. 협상팀에서 역할을 나누어 일부는 악역을 하고 나머지는 선역을 하는 방식이다. 악역은 상대가 곤혹스럽게 사실관계를 파고들어 귀납적으로 논쟁을 벌이는 사람이고, 선역은 상대와 관계를 중시하여 큰 틀에서 연역적으로 접근하는 이를 말한다.

대표적으로 노사협상에서 이러한 형태의 협상을 많이 볼 수 있다. 노조와의 협상을 앞둔 경영진이 대표이사는 선역을, 급여담당 이사에게는 악역을 맡기는 방식이다. 이사가 먼저 노조에게 그들 요구의 부당함을 지적하며 강력히 논쟁을 벌일 때, 선역 역할의 대표이사가 노조에게 친구로 다가가 그들을 위로하고 부드럽게 타협점을 마련해 가는 방식이다.

회사에서는 부서의 성격을 적용하여 이 전략을 구사하는 것도 좋을 것이다. 예를 들면, 협상 시 고객과의 친절한 접촉이 요구되는 영업팀, 사업팀은 선역을 맡기고, 회계팀, 자금팀, 감사팀, 법무팀, 품질관리팀 등의 부서에는 악역을 맡기는 것도 좋은 방법이다.

또는 한중일에서는 연장자 혹은 직위가 높은 이들에게 존경심을 갖는 것이 중요하므로, 가장 높은 직위 혹은 연장자에게 선역을 맡기는 것도 좋은 방법이 될 수 있다.

● 지연전략/ 벼랑 끝 협상전략

중국 고전10 퇴각을 위해 상대의 추격을 지연시킨 필재우

'주위상(책)(走爲上(策))'은 『삼십육계』 중 서른여섯 번째 전략으로서, 강한 적을 만났을 때 일단 후퇴하여 후일을 도모하는 계략이다. 강한 적을 피하는 것은 두 보 전진을 위한 한 보 후퇴에 해당한다.

남송과 금나라 군대가 전쟁을 벌이던 중 금나라 군대의 병력이 점차 증원되어, 남송의 병력과 현격한 차이를 보이게 되었다. 이에 남송의 장군 필재우는 퇴각하기로 마음을 먹게 된다.

퇴각하던 중 상대의 추격을 저지하기 위해 필재우는 하나의 묘책을 생각해 낸다. 군의 깃발을 진지에 남겨 두고 양을 묶어 앞발 아래 북을 놓아 양이 발버둥을 치면서 북이 울리도록 하고, 그사이 진지를 빠져나와 후퇴하였다. 뒤늦게 금나라 군대가 이를 알아차렸지만, 그때는 이미 남송의 군대가 멀리 퇴각한 이후였다.

지연전략은 주위상과 같이 우리에게 불리한 상황이 연출되거나 부정적인 협상 결과가 예상될 때, 혹은 상대에 비해 협상력이 현저히 떨어질 때, 일단 시간을 벌어 후일을 도모하는 전략이다. 지연전략을 통해 시간을 확보한 뒤, 우리에게 약점 혹은 위협이 될 만한 것들을 제거하고 다시 협상에 임하는 것이 중요하다. 지연전략을 사용해야 할 상황의 예는 다음과 같다.

우리가 정확한 정보를 파악하지 않고 협상에 임한 것이 확인될 때
상대가 예기치 못한 안건을 내, 미리 내부적인 상의를 거치지 못하였을 때
상대가 무리한 요구를 해서 우리가 생각했던 협상타결 마지노선을 초과할 때
협상 경험이 많은 우리팀 멤버가 개인 사정으로 협상에 참석하지 못하였을 때
상대가 우리와 상의 없이 외부 전문가(변호사, 회계사 등)를 협상에 동참시킬 때

비슷한 사례로, 이종격투기 경기에서 타이틀전을 앞둔 선수가 갑자기 병에 걸렸거나 컨디션이 좋지 않을 경우, 타이틀전을 연기하는 것을 종종 볼 수 있다. 이는 관객들에게 약간의 점수를 잃더라도 최상의 컨디션으로 승리를 쟁취하는 것이 더 중요하다고 판단했기 때문일 것이다.

원교근공(遠交近攻)과 커뮤니케이션 이론

4

중국 고전11 소양왕의 겸손한 태도

범수는 전국시대의 전략가였다. 진나라 소양왕은 제나라 공략 여부를 놓고 고심하던 차에, 범수에게 자문을 할 의도로 궁에 초대하였다.

약속된 날 궁으로 향해 가던 중, 범수는 소양왕의 행렬과 우연히 마주치게 된다. 범수는 소양왕을 시험해 보고자 그 행렬을 막는 듯이 팔자걸음으로 행렬에 다가섰다. 이에 다가서는 범수를 관원들이 막아서며, "대왕의 행차다. 썩 비키지 못할까!"라고 소리쳤다. 그러나 범수는 오히려 당당히 소리쳤다. "무슨 소리를 하느냐? 진나라에 태후와 양후는 있을지 몰라도 대왕이 있다는 말은 못 들었느니라."

소리치는 범수를 알아본 소양왕은 수레에서 내려 허리를 굽히고 그에게 나아가 이야기 했다. "바라건대 선생에게 좋은 가르침을 받고자 합니다." 왕으로서 최선을 다해 겸손한 태도로 이야기했지만, 범수는 들은 척하지 않았다. 이에 소양왕은 더욱 공손히 간청했다. "선생께서는 이 사람이 가르침을 받기에 부족하다고 생각하는지요? 제가 많이 부족하더라도, 간청하오니 가르침을 주십시오."

범수는 소양왕이 세 번째 간청하자 입을 열었다. 그리고 자신이 왜 그렇게 행동했는지를 알려 주었다. "예전에 문왕이 강태공에게 조언을 구하여, 상나라를 멸하고 그 아들 시대에 천하를 얻었습니다. 비슷하게, 비간은 주임금한테 조언을 하였다가 오히려 죽임을 당했습니다. 이는 서로에게 믿음이 없었기에 벌어진 일입니다. 솔직히 저도 비간과 같은 일을 당할 것 같아 왕께서 세 번 하문하셔도 입을 열지 않았습니다." 이에 소양왕은 다음과 같이 답변한다. "저는 선생님을 진심으로 존경하고 있습니다. 그러니 염려는 거두시고 좋은 가르침을 주시기 바랍니다."

범수는 소양왕의 진심을 확인하고, '원교근공'이라는 묘책을 소양왕에게 주게 된다. "진나라와 제나라는 거리가 멀어 군사 작전을 펼치기 용이하지 않아 전쟁에서 패배하기가 쉽지 않습니다. 우선 중간에 한나라와 위나라를 통해 군대를 이동시켜야 하는데, 그들이 순순히 길을 열지도 의문입니다. 설사 많은 장벽을 극복하고 전쟁에서 승리하더라도, 그들을 진나라 영토에 편입시키기는 더욱 어렵습니다. 따라서 멀리 있는 제나라와 초나라와는 오히려 화친하시고, 가까이에 있는 위나라를 치는 것이 바람직합니다. 위나라를 영토에 편입하여 국력을 키우면 제나라와 촉나라를 공격할 기반이 생기실 것입니다."

한중일은 직접적인 언어보다는 맥락에 의존하여 상대를 이해해야 하기 때문에, 상대의 진의를 파악하는 데 많은 시간을 보내게 된다. 범수가 팔자걸음으로 나왔는데도, 소양왕은 군주로서의 권위를 내려놓고 범수에게 겸손히 머리를 조아렸다. 소양왕의 겸손한 태도에도 불구하고 범수는 세 번에 걸쳐 그를 시험하였다.

겉으로 보면 범수는 무례하게 행동하였고, 왕은 상당히 비굴하게 행동한 것으로 이해될 수 있다. 그러나 맥락 전체를 이해하는 한중일에서는 범수의 행동에는 숨겨진 의도가 있었으며, 왕이 용납할 수 있는 수준이었음이 이해될 수 있다. 이처럼 한중일에서 비언어적 커뮤니케이션은 참으로 중요하다 할 수 있다.

연구 결과에 의하면, 협상은 말이나 문자 등 언어로 전달되는 메시지가 30퍼센트 정도이며, 오히려 70퍼센트는 비언어적 표현에 의해 이루어진다. 이는 얼굴 표정, 손동작, 몸의 자세, 시선 등 다양하게 나타난다. 특히 한중일은 언어적 메시지보다는 맥락(상황)적 메시지가 중요한 지역인 만큼, 이러한 비언어적 표현이 더 중요하다.

● 스킨십

아베 신조 일본 총리가 인도에 국빈으로 초청되어 방문하였을 때, 나렌드라 모디 인도 총리가 공항으로 마중 나왔다. 그리고 모디 총리는 아베 총리를 격하게 포옹하며 반겼다.

사실 모디 총리의 포옹 환영은 많은 선례를 갖고 있다. 프랑수아 올랑드 프랑스 대통령, 버락 오바마 미국 대통령, 토니 애벗 전 호주 총리, 마크 저커버그 페이스북 CEO, 배우 휴 잭맨 등 만나는 거물마다 껴안았다. 언론들은 그를 '포옹광'으로 지칭하였다. 모디의 포옹에는 자신이 세계 지도자들과 동등한 위치에 있다는 것을 보여 주기 위한 의도가 깔려 있다. 이에 대해 모디를 연구하는 사회학자들은 "모디는 냉철한 면모를 갖고 있어, 국내외에 자신의 국제적 위상을 알리려는 의도가 들어있다." 고 해석했다.

아베 총리를 포옹하는 모디 총리[3]

---

3 《조선일보》, 2017년 9월 14일 자.

스킨십은 신체 접촉을 통한 커뮤니케이션을 의미한다. 적당히 사용하면 친근감과 신뢰감을 느끼게 하지만 부적절하게 사용하면 불쾌감과 불신을 조장하기도 한다. 어떤 문화에서는 스킨십을 매우 편안하게 받아들이는 한편, 불편하게 여기는 문화도 있다. 예를 들면, 스킨십에 비교적 자유로운 이탈리아, 그리스, 스페인, 포르투갈 같은 나라에서는 남녀가 거리에서 서로 손을 잡거나 팔짱을 끼고 다녀도 괜찮지만, 같은 유럽권이라도 핀란드에서는 공공장소에서 껴안거나 뺨에 키스하는 것은 적절하지 않다. 라틴아메리카에서 남자들끼리 스킨십하는 것은 허용되는 반면, 미국에서 남자들끼리의 스킨십은 성적인 의미로 여겨질 수 있다.

아시아에서는 신체접촉이 더욱 조심스럽다. 중동에서는 왼손으로 다른 사람과 접촉하면 안 된다. 왼손은 깨끗하지 않다고 여기고 개인 청결용으로만 사용한다. 태국과 인도에서는 머리를 건드리면 안 된다. 머리는 신체의 신성한 부분으로 여기기 때문이다.

한중일 중에는 일본이 신체접촉을 가장 꺼리는 국가다. 다른 비즈니스맨들이 일본 파트너에게 인도의 모디 총리와 같이 시도했다가는 큰 결례를 범할 수도 있다. 한국은 일본보다는 스킨십에서 약간 더 포용적이나 아직은 수줍음과 보수적인 부분이 남아 있다. 특히 지위가 높거나 연장자인 한국인 파트너에게 스킨십을 시도하는 것은 결례가 될 수 있다.

● 웃음

2008년 베이징올림픽 대회. 아시아의 역도 선수가 힘겹게 들어 올리려고 세 번째 시도를 하고 있었다. 몸을 앞으로 굽히고 마지막 시도를 하려는 듯했는데 갑자기 들어 올릴 시도조차 안 하고 똑바로 서더니 걸어 나갔다. 그녀는 얼굴에 미소를 띠고 있었다. 그러자 미국 언론의 한 아나운서는 순간적으로 말했다. "선수가 웃고 있습니다. 저런 성적을 내고 웃고 있다니 믿을 수 없습니다!"

이 미국 아나운서는 아시아인은 당황스러울 때도 자주 웃는다는 것을 이해하지 못했다. 일본에 '일본인의 웃음(Japanese smile)'이라는 말이 있을 정도로, 일본인은 언어로 명시적으로 답변하기 애매한 상황에서는 웃음으로 대신 흘려보내려고 한다. 같은 문화권에 속하는 한국인이나 중국인이라면 이러한 웃음의 의미를 공유하는 편이지만, 명시적인 언어 표현에 치중하는 경향이 있는 서구인들은 이 웃음을 어떻게 해석해야 할지 곤란해하는 모양이다.

기쁘거나 재미있지 않은 상황에서, 일본인의 웃음(Japanese Smile)은 세 가지 의미가 있을 수 있다.

상대에게 좋은 이미지를 주려고 할 때

당황하거나 난처한 상황일 때

상대에게 호의적이거나 관심이 있을 때

● 눈 맞춤

눈 맞춤은 자신을 표현하는 좋은 방법 중 하나다. 한중일은 존경의 표현을 할 때 살짝 눈을 내리깐다. 일본인의 경우에는 시선을 턱 아래쪽으로 돌린다.

반면 동유럽과 캐나다에서 눈을 서로 마주보는 것을 좋아하지만 눈 맞춤은 그리 오래가지 않는다. 2-3초 정도 서로 눈을 보다가 시선을 돌린다. 서구에서는 눈 맞춤이 상대방에 대한 존경과 관심의 표현이다. 눈 맞춤을 피하는 사람은 안정되지 못하고, 믿을 수 없고, 불친절하고, 존경심이 부족하고 집중도가 떨어지는 사람으로 간주되는 경향이 있다. 독일인은 눈 맞춤을 중요시하며, 미국인들과 비교해도 독일인들의 눈 맞춤은 더 강렬하고 지속적이다. 심지어 상사에게 야단을 맞을 때도 독일인은 상사의 눈을 바로 바라본다. 그래야 자신이 상사의 말을 존중하고 잘 들어 준다고 독일인은 생각하고 시선을 거두지 않는다.

○ 악수 방법

악수할 때 국제적으로는 '손을 강하게 잡았다가 빨리 놓는 방법'이 서양에서는 일반적이다. 약한 힘으로 악수하는 것은 상대에 대한 관심이 별로 없는 것으로 여기게 된다. 상대적으로 한국 사람들은 약하게 악수를 하는 경우가 많다.

특히 악수를 하면서, 마치 친절하게 혹은 따뜻하게 보이기 위해 악수하는 상대 손 위에 또 손을 올리거나 상대의 팔을 잡는 등의 행동은 상대보다 내가 위에 있음을 표현하는 대표적인 행동이다. 특히 비즈니스맨 출신인 도널드 트럼프 대통령이 이 방법을 잘 사용하는 것 같다. 트럼프 대통령은 손을 강하게 오래 잡거나, 상대를 노려보기도 하고, 상대의 손에 자신의 손을 얹는 등의 행동으로 자신이 더 높은 사람이라는 것을 간접적으로 표현한다. 이는 다시 해석하면, 비언어 커뮤니케이션에 능숙하다는 의미이기도 하다.

상대를 악수로 제압하는 트럼프 대통령[4]

---

4 《조선일보》, 2017년 2월 11일 자.

○ 침묵

침묵은 비언어 커뮤니케이션이고, 상황이나 침묵의 길이에 따라 다양하게 해석된다. 침묵은 경우에 따라 동의 혹은 반대, 관심의 부족 혹은 경멸감일 수도 있다. 혹은 그 주제에 대해 생각하고 있다는 표현일수도 있다. 미국에서는 침묵을 '불쾌감'을 나타내기 위해 사용할 수도 있다.

따라서 침묵의 다양한 양상을 고려해야 한다. 길이, 적합성, 대화하는 사람 간의 관계에 따라 침묵이 던지는 메시지는 달라질 수 있다. 상황에 맞지 않는 농담 등 부적절한 발언을 한 다음에 침묵이 따를 수 있다. 미국인들은 친한 사람이라면 몰라도 침묵에 불편해하는 편이다. 그래서 침묵을 피하기 위해 날씨 같은 가벼운 주제로 침묵을 채운다. 비슷하게, 독일, 아랍, 프랑스, 남유럽 사람들은 침묵을 불편하게 여기는 경향이 있다.

한 예로, 스웨덴인, 미국인, 일본인 등이 모여서 발표를 하고 토론을 하는 미팅을 했다. 발표하는 중간에 일본인 매니저가 눈을 지그시 감으면서 이야기했다. 그러자 스웨덴인들은 이상해한다. '아니 발표하는 도중에 졸려서 조는 것일까? 일본인들인 대단해…… 미팅 중에, 그것도 발표하는 동안에 어떻게 졸 수가 있지.' 하고 생각했다고 한다. 일본인들은 말하면서 말하는 내용에 집중하기 위해 눈을 감기도 한다. 생각을 모으기 위해 눈을 감는 것은 일본식 매너였다. 이렇게 같은 비언어 동작이라도 문화 간 차이에 따라 다르게 해석된다.

이와 관련하여 일본인, 미국인, 브라질인을 대상으로 테스트를 했는데, 협상 시간 동안 침묵과 눈 맞춤, 스킨십 정도를 파악했다. 그 결과 협상 시간에 일본인은 침묵이 가장 길었고, 눈 맞춤은 가장 적었고, 스킨십은 전혀 없었다.[5]

---

5   Acuff, Frank L., *How to Negotiate Anything with Anyone Anywhere around the World*, AMACOM;
American Management Association, 1997, p. 48.

〈표7〉 침묵, 눈 맞춤, 스킨십 테스트

테스트 내용	단위	일본인	미국인	브라질인
침묵 (3분간 10초 이상 침묵)	번	5.5	3.5	0
눈 맞춤 (10분당 눈맞춤 시간)	분	1.3	3.3	5.3
스킨십 (30분당 스킨십 횟수)	번	0	0	4.7초

● 이마의 중요성

협상을 할 때 이마를 보이는 것은 상대에게 신뢰를 줄 수 있는 좋은 방식이다. 이마를 보이게 되면, 상대에게 내가 정직하고 숨기는 것이 없다는 것을 보여 주는 간접적인 표현이 된다. 이를 위해, 머리를 뒤로 가지런히 넘기거나 머리를 짧게 자르는 것이 바람직하다. 특히 안경을 쓰는 경우에는 두꺼운 안경을 쓰지 않는 것이 좋다. 두꺼운 안경테는 이마를 가리는 효과가 있어 이미지를 나쁘게 할 가능성이 있다.

대표적으로 한국의 문제인 대통령이 줄곧 두꺼운 안경테를 착용하다 두 번째 출마할 때는 얇은 안경테로 바꾸어 당선에도 일조하게 된다.

뿔테 안경을 쓴 문재인 대통령

얇은 안경테로 바꾼 문재인 대통령

이마의 중요성을 증명하듯, 서비스 직업을 가진 이들은 대부분 이마를 보여 준다. 스튜어디스, 호텔 직원, 보험사 영업직원, 백화점 직원, 그리고 면접을 보러 온 사람들 모두 머리를 뒤로 넘기거나 머리를 짧게 자른 것을 볼 수 있다. 이는 모두 이마의 중요성이 직업에서 표현된 형태다.

● 착석과 손동작

눈은 상대를 응시함
이마를 가리지 않고, 상대에게 보임
몸은 상대쪽을 향해 약간 앞으로 기울임
손은 테이블 위로 올려 적극적으로 활용함.

착석의 자세는 상대와 얼마나 가까워지고 싶어 하는가의 간접 표현
이 될 수 있다. 우선 양손을 상대에게 보이도록 테이블 위에 얹어 놓는다.
이는 상대에게 무엇인가를 숨기지 않는다는 것을 보이는 행동이다. 이때
팔짱을 끼거나 하는 것은 상대에게 방어벽을 친다는 의미이므로, 자제해
야 하는 자세다.

다음에는, 똑바로 앉은 자세에서 상대방 쪽으로 약간 몸을 앞으로
기울여 상대와 가까워지고 싶다는 표현을 하는 것이 좋다. 사실 친교도
중요한 목적으로 둔 협상이라면 테이블의 폭도 생각해 봐야 한다. 알려
진 바로는 바둑판의 폭이 상대와 친교하기에 가장 좋은 길이라고 전해진
다. 바둑판의 크기는 정확한 표준은 없지만, 대체로 가로 42.5센티미터
세로 45.5센티미터 정도를 기본으로 하고 있다. 그런데 이 크기는 관계를
중시하는 한중일의 노하우가 축적되어, 가장 적합한 폭이 정착된 것이라

추측된다. 따라서 친교를 중시하는 협상이라면, 가능하면 폭이 적은 테이블을 선택하여 협상을 진행하는 것이 추천된다.

다음에는, 상대를 응시하면서 손을 적극적으로 활용해 상대와 대화한다. 말로 하는 내용이 손으로 함께 표현되면, 상대의 집중도를 높일 뿐 아니라 좀 더 효과적인 대화가 가능하게 된다. 손을 전혀 사용하지 않거나, 자신의 손 움직임을 인지하지 못하며, 손을 사용하되 소극적으로 활용하는 것 등은 바람직하지 못하다. 반대로 손을 적극적으로 잘 활용하는 사람은 다음과 같은 특징을 가지고 있다.

의도 자신이 의도를 가지고 손을 움직여 동작을 함

의미 자신이 구두로 이야기하는 것을 손동작에 담아 표현

명확 구두로 이야기하는 내용이 좀 더 명확하게 전달될 수 있도록 손동작이 적극적임

타이밍 말과 손동작이 타이밍에 맞게 움직임

○ 감정조절

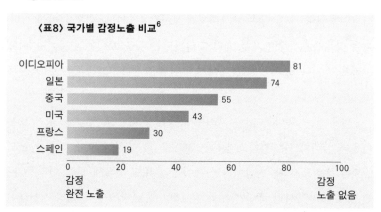

〈표8〉 국가별 감정노출 비교[6]

---

6 Trompenaars, F., & Hampden-Turner C., *Riding The Waves of Culture; Understanding Culture Diversity in Global Business*, 2nd ed., McGraw-Hill, 1998, p. 71.

협상 시 감정노출에 대해서는 상당히 신중해야 한다. 상대의 감정을 상하게 할 뿐만 아니라 협상 전체의 분위기를 해칠 수 있었어 주의를 요한다.

협상 시 감정노출이 심한 국가는 스페인과 라틴 문화권 국가들도 포함된다. 반면 미국은 프랑스, 스페인 등과 비교하여 감정노출이 심하지 않은 국가다. 일본과 중국 중에는 일본이 더 감정을 드러내지 않는 국가다. 특히 일본인들은 감정을 노출하지 않는 대표적인 협상가들이다. 협상 테이블에서 상대에게 큰 소리를 낸다거나 상대를 제압하려는 듯한 태도 등은 일본인 협상가에게는 금물이다.

● 링구아 프랑카

서로 다른 모국어를 쓰는 사람들이 소통할 때 사용하는 제3의 언어를 링구아 프랑카라고 부른다. 전 세계적으로 스페인어, 힌디어, 불어 등 일곱 개의 링구아 프랑카가 있다. 그중 글로벌 사회에서 가장 많이 사용하는 국제 공용어로 자리 잡은 언어는 의심할 바 없이 영어다. 2000년대 초반 이미 15억 명이 영어를 어느 수준에서든 사용하고 있다. 말하자면 세계 인구 열 명 중 서너 명은 영어를 어떤 수준에서든 구사할 수 있다.

한중일과 협상을 할 때도 기본적으로 영어가 링구아 프랑카로 사용된다. 그렇다면 영어를 모국어로 사용하는 협상가와 영어를 외국어나 제2공용어로 사용하는 협상가 간 언어로 인한 불공평성은 없을까? 얼핏 생각하기에는 영어 원어민들이 비영어권 사람들과 협상 시 더 유리할 것 같다. 물론 그럴 경우가 많지만 그렇지 않은 경우도 많다.

오히려 영어 실력이 부족한 것을 전략으로 사용하는 경우가 많다. 협상에 불리한 상황에 이르게 되면, 잘못 들은 것처럼 혹은 제대로 이해하지 못한 것처럼 연기하여 그 상황을 모면하려 드는 경우가 대표적이다.

『여씨춘추(呂氏春秋)』와 문화이론

5

중국 고전12 문화적 통일을 꿈꾼 여불위

중국이 실질적으로 한 문화권의 같은 정체성을 가지게 된 시기는 진시황 때로 거슬러 올라간다. 춘추전국시대를 지나면서 중국은 서로 다른 문화권에서 살고 있었는데, 진시황의 통일은 여러 문화를 하나로 묶는 계기가 된다.

이를 가능하게 한 이가 여불위였다. 여불위는 장양왕이 진나라 왕이 되게 하는 데 일등 공신이었다. 재상이 된 여불위는 장양왕이 죽자 그 아들(진시황)이 열세 살밖에 안 된 까닭에 실권을 장악하게 된다. 즉 사실상 섭정을 하게 된 것이다.

여불위는 전국말기 시대부터 진나라가 다른 경쟁 국가(위, 초, 조, 제나라)들과 비교하여 문화적으로 뒤떨어져 있음을 한탄했다. 왜냐하면 경쟁 국가에는 전국시대의 4군자로 불리던 이들이 문화를 이끌고 있었기 때문이다. 그들은 위나라의 신릉군, 초나라의 춘신군, 조나라의 평원군, 제나라의 맹상군이었다.

여불위는 진나라를 문화강국으로 만들기 위해 선비와 학자를 우대하는 정책을 펼쳤고, 이에 약 3000명의 식객이 모이게 된다. 여불위는 자신에게 모인 식객들을 모아 문화진흥 사업을 펼치게 된다. 대표적으로 『여씨춘추』를 편찬했다. 『여씨춘추』는 총 스물여섯 권으로 편찬되었으며, 춘추전국시대의 모든 사상을 집대성하여, 정치와 법률의 참고가 되도록 저술한 백과사전이었다.

『여씨춘추』 편찬을 통해, 여불위는 진나라가 단순히 군사적 통일을 이룬 것이 아니라, 문화와 사상 통일도 함께 이루었음을 선포했다. 실제로 『여씨춘추』가 편찬되자, 여불위는 "이 책의 내용을 한 자라도 고칠 수 있는 사람이 있으면 천금을 주겠다."고 과시하면서, 내용의 완벽성을 자랑하였다.

여불위가 섭정을 하였던 진시황은 후에 북방 유목민족의 침략을 막기 위해 기존의 성곽을
잇고 부족한 부분은 새로 축조하여, 하나의 거대한 성곽을 만들었다. 지금의 만리장성이다.

여불위의 『여씨춘추』는 진시황에 이르러 중국이
군사적으로 통일되었을 뿐만 아니라 문화적으로
도 통일을 이루었다는 선포였다.

문화는 협상가들의 협상 스타일, 의사결정 방식, 대화법 등 다양한 것에 영향을 미치게 된다, 따라서 중국과 일본의 문화를 한국과 비교하여 접근하는 것은 성공적 협상의 지름길이라 할 것이다.

● 에드워드 홀의 상황문화이론

협상 과정에서 우리는 다양한 커뮤니케이션을 하게 된다. 양측 협상가들이 마주 앉는 순간 상대방에 대한 앎을 채워 가는 과정이 시작된다. 상대방이 보내는 다양한 언어 및 비언어 신호에서 메시지를 해독하고 주요 정보의 의미를 파악한다. 이 과정에서 언어로 명시적으로 전달되는 메시지가 있는가 하면, '맥락'(혹은 상황, context)을 통해 묵시적으로 전달되는 메시지가 있다. 일반적으로 국가 간 문화에 따라 이 언어와 맥락의 춤이 서로 다른 리듬과 박자를 탈 수 있다.

이에 대해 에드워드 홀[7](Edward Hall)은 저상황문화와 고상황문화 이론을 소개한다. 언어와 맥락이 하나의 리듬을 타는 문화가 있다면 소위 '저상황문화(Low-Context Culture)'에 속하게 된다. 즉 '맥락'보다는 '언어'에 메시지를 실어 전달하는 경향이 상대적으로 많은 국가의 문화를 의미한다. 일반적으로 서양 국가들이 이에 속하게 되는데, 전체적인 상황(역사, 미래, 관계, 사회관습, 분위기 등)보다는 객관적인 정보와 사실에 집중한다. 미국, 독일, 스위스 등 소위 서양 국가들은 명시적 언어로 표현된 메시지로 상대의 의도를 파악하게 된다. 예를 들면, 독일인이 집을 방문했을 때, '식사했느냐.'라고 물어보았을 때 상대가 '식사를 했다.'고 하면, 그 말을 그대로 믿어도 된다는 것이다. 반대로, 아시아인(예를 들면, 한국인)은 그 말을 그대로 믿지 않는다. 정황상 미안해서 먹고 왔다고 표현했을 가능성을 생각하고, 재차 식사할 것을 권유하는 것을 볼 수 있다.

---

7   Hall, E.T.(1973). *The Silent Language*, New York: Anchor Books.

즉 이 두 개가 서로 다른 리듬을 타면서도 교묘하게 여러 단계의
메시지를 던질 수 있다면 그 문화는 소위 '고상황문화(High-Context
Culture)'에 속하게 된다. 즉 언어에 실린 메시지는 'yes'인데 '맥락'에 실
린 메시지는 부정적일 수 있다. 고 상황문화에서는 인간관계에 무게를 두
고, 의사전달은 암시적으로 이루어질 때가 많다. 예를 들면, 명확히 표현
하지 않아도 그들의 눈빛 혹은 몸의 느낌만으로 상대가 무엇을 의미하는
지 아는 것이다. 일반적으로 아시아권 국가들이 여기에 속한다고 볼 수
있다. 저상황문화와 고상황문화를 표로 간략하게 정리하면 다음과 같다.

〈표9〉 저상황 문화와 고상황 문화

	저상황문화	고상황문화
인식 방법	한가지(정보 혹은 사실관계)에만 집중	정보 외에 맥락(역사, 미래, 관계, 사회관습, 사회적 지위, 분위기 등)도 다양하게 고려
해당 지역	미국, 유럽 (스페인, 이탈리아 제외)	아시아, 중동, 중남미
표현법	명시적, 직접적	함축적, 암시적, 간접적
중점가치	업무 및 성과 중심	인간관계 중심
대인관계	갈등 직면	갈등 회피(화목 중시)
자아의식	독립적인 개인주의	집단 안에서 개인 정체성(연장자 배려)

● 의사표현

〈표10〉 의사소통[8]

| 미국 | 캐나다 | 독일 | 영국 | 폴란드 | 브라질 | 프랑스 러시아 | 이란 | 중국 | 한국 | 일본 |

저상황
커뮤니케이션

고상황
커뮤니케이션

---

8   Erin Meyer, *The Culture Map: Breaking Through the Invisible Boundaries of Global Business*, PublicAffairs, 2014, pp. 32-41.

홀의 이론에 추가하여, 에린 마이어(Erin Meyer)는 국가별 커뮤니케이션 스타일에 대해 연구분석하였다. '저상황 커뮤니케이션'은 구체적이며, 간결하고, 명확하다. 반면 '고상황 커뮤니케이션'은 함축적이고, 암시적이고, 간접적이다, 아시아와 중동 국가들이 '고상황 커뮤니케이션'을 하는 것으로 나타나며, 유럽에서는 프랑스, 러시아 등이 '고상황 커뮤니케이션'을 하는 것이 이색적이다. 특이한 것은 유럽에서는 프랑스와 러시아가 고상황 커뮤니케이션에 가깝다.

● 부정적 피드백

〈표11〉 부정적 피드백[9]

이스라엘	독일	프랑스	이탈리아	미국	영국	브라질	중국	한국	일본

직접적인
부정적 피드백

간접적인
부정적 피드백

마이어는 '국가별 부정적 피드백'에 대해서도 리서치하였다. 예를 들어, 만약 상대의 업무 혹은 서비스가 마음에 들지 않았을 때 어떻게 반응하는지를 확인하였다. 미국은 '저상황 커뮤니케이션'을 하는 국가라 의사표현이 명시적이지만, 부정적 피드백을 하는 면에서는 여타 독일 국가들에 비하면 약한 편이다. 반대로 프랑스는 '고상황 커뮤니케이션'을 하지만, 부정적인 피드백은 직접적으로 하는 국가로 나타난다. 한중일은 모두 '간접적인 부정적 피드백'을 하는 국가로 나타난다. 특히 공적인 만남에서는 더욱 그 특징이 나타나게 된다.

이를 다시 설명하면, 중국과 일본과 협상을 할 때는 '부정적 피드백'

---

9   Erin Meyer, *The Culture Map*, PublicAffairs, 2014, pp. 69-88.

을 간접적으로 하는 것이 좋다는 말이다. 그런데 문제는 프로젝트 담당자 혹은 영업 담당자들은 상대와의 좋은 관계를 유지해야 하기 때문에, 상대의 업무 혹은 서비스가 마음에 들지 않더라도 이를 직접적으로 표현하기가 더욱 어려워지게 된다.

이때 좋은 방법은 선역과 악역전략을 사용하는 것이다. 협상가 중에 영업담당 혹은 사업담당은 선역을 하게 하여 상대와 좋은 관계를 유지하고, 가급적 부정적 피드백은 하지 않는 것이다. 대신 필요한 부정적 피드백은 악역에게 맡기는 전략이다.

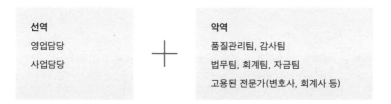

선역
영업담당
사업담당

악역
품질관리팀, 감사팀
법무팀, 회계팀, 자금팀
고용된 전문가(변호사, 회계사 등)

● 일정관리

공자가 그의 제자 자공에게 다음과 같이 질문하였다. "자공아, 너는 나를 여러 분야에 걸쳐 두루 배워서 기억하는 사람으로 생각하느냐?" 자공이 대답하였다. "그렇게 생각하지요. 아닙니까?" 공자가 고개를 저으며 말했다. "아니야. 나는 한결같이 하나로 꿰뚫으며 살려고 할 뿐이다."

시간에 대한 문화 차이는 '순차적 문화'와 '유동적 문화'로 구분된다. '순차적 문화'는 일을 한 번에 한 가지씩 순서대로 하는 문화다. 중간에 다른 중요한 일이 생기더라도 가급적 하나의 일을 마무리하고 다음 일을 진행한다. 그러기에 마감 시간에 대해 상당히 민감하다. 한편 '유동적 문화'는 기회에 따라 일정이 유동적이다. 중간에 중요한 일이 생기면 현재의 일정을 얼마든지 변경할 수 있는 유동성이 있다.

예를 들어 보자. 한 사람이 예고 없이 지인의 사무실을 방문했을 때, 그 지인이 전화를 받고 있었다면 그 지인은 문화에 따라 반응이 다르게 나왔을 것이다.

순차적 문화	간단하게 눈인사하고 계속 전화를 받는다. 전화를 끊고 손님을 응대한다. 그 사람의 중요도 나이 문제와 상관없다.	
유동적 문화	손님이 중요 인물이거나 연장자일 경우	전화를 끊고, 손님을 먼저 응대한다.
	손님이 중요하지 않거나 편한 상대일 때	전화를 지속하고, 그 후 손님을 응대한다.
	손님과 전화하는 사람 모두 편한 사이일 경우	전화와 응대 동시에 한다.

국가별로는 아시아 국가들이 대체적으로 '유동적 일정관리'를 하고 있다. 대표적인 '유동적 일정관리' 국가가 중국과 한국이다. 약속 시간과 마감 시간을 못 지키더라도 상대적으로 관대하고, 중요도에 따라 일정관리를 손쉽게 변경한다. 일을 순차적으로 하지 않다 보니 다양한 일을 동시에 하는 경우도 많다. 아마 중국 사람인 공자도 '유동적 일정관리'에 익숙한 사람이었을 것이다.

연관되어, 협상 시 한 번에 다양한 생각과 일을 동시에 하기도 함으로써 '순차적 문화'에 속한 국가들이 볼 때 '유동적 문화'는 어수선해 보일 수 있다. 그러나 그들은 나름의 질서를 가지고 일을 하고 있는 것이다. 예를 들어, 음식을 먹을 때 '순차적 문화'에 속한 미국은 코스 요리를 즐기며 순서대로 음식을 먹지만, '유동적 문화'에 속한 한국은 한 상에 음식을 다 차려 한꺼번에 먹는다.

〈표12〉 일정관리[10]

독일	일본	미국	영국	폴란드	프랑스	러시아	브라질	중국	인도

순차적 일정관리   →   유동적 시간관리

하나 특이한 것은 일본은 '순차적 문화'에 속한다는 것이다. 일본은 '고상황 문화'에 속하지만 약속 시간에 철저하고, 마감 시간 준수에 상당히 민감한 편이다. 따라서 일본과 협상을 할 때는 약속을 지키는 것이 상당히 중요하다.

● 리더십과 결정방식

〈표13〉 리더십[11]

덴마크	이스라엘	캐나다	미국	독일	프랑스	러시아	중국 인도	일본 한국

평등주의   →   계급주의

〈표14〉 결정방식[12]

일본	네덜란드	독일	영국	미국	프랑스	러시아	중국	나이지리아

합의방식   →   상명하복

---

10   Erin Meyer, *The Culture Map*, PublicAffairs, 2014, pp. 16-17, pp. 225-241.

11   Erin Meyer, *The Culture Map*, PublicAffairs, 2014, pp. 16-17, pp. 125-131.

12   Erin Meyer, *The Culture Map*, PublicAffaris, 2014, pp. 145-159.

유럽과 북미의 러더십은 대부분 평등주의에 기초를 두고 있지만, 한 중일 모두 계급(hierarchy)을 중심으로 리더십이 이루어진다. 따라서 아무리 판단력과 결정력이 뛰어난 인재라고 하더라도 계급을 뛰어넘어 결정 권한을 갖기는 어렵다.

따라서 중국 혹은 일본과 협상을 할 때, 가능하면 한 사람을 집중적으로 칭찬하는 것에 유의해야 한다. 왜냐하면 그의 상관이 칭찬받는 부하를 탐탁하게 여기지 않을 수도 있기 때문이다.

한편 결정방식에는 한국, 중국 모두 상명하복 시스템을 따르지만, 일본은 특이하게 모든 유럽 국가들보다 더 강력한 합의방식을 따른다. 일본의 특유한 '링기(稟議) 시스템'에 근거한다. '링기 시스템'은 한 조직의 상하 조직 전체가 의사 결정에 단계(일반적으로 세 단계)적으로 참여하는 독특한 결정 방식이다.(6장 참조) 따라서 일본과 협상 시에는 장기간의 협상을 염두에 두어야 하며, 직위에 상관없이 모든 사람이 결정에 참여하기 때문에 일본 협상팀 모두 중요하게 인식해야 한다.

2부

단계별
협상전략

협상 준비

「시계편(始計篇)」과
협상목표 설정

6

매뉴얼1 | 협상 목표 설정표 / Negotiation Action Plan (NAP)

1. 협상목적

목적	내용
비즈니스	
협력구축	
갈등해결	

2. 세부 협상목표

협상 안건	우선순위		ZOPA		BATNA
	중요도	순위 No.	최소점	최대점	
	필수 획득 희망	1			
		2			
	가능한 획득 희망	3			
		4			
	양보 가능	5			
		6			

ZOPA(Zone of Possible Agreement): 협상타결가능지대

BATNA(Best Alternative to Negotiated Agreement): 최선의 협상대안

3. 협상개요

협상 일정	협상장소	협상참여자
1차 협상		
2차 협상		
3차 협상		

4. 협상 진행규칙

내용	세부규칙
협상안건 사전확정 여부	
예상 협상시간	
협상진행 방식	
합의내용 처리방식 (합의문, 계약서 작성 등)	

중국 고전13 『손자병법』의 오사

『손자병법』은 총 열세 편으로 구성되어 있는데, 첫 번째인 「시계편」은 전쟁의 기본계획을 세우는 것에 대한 중요성을 강조하고 있다. 전쟁을 하기 전에 내부적인 작전회의를 통해 승산을 파악하고, 전쟁에 필요한 기본적인 계획을 설정하는 것에 대해 강조하고 있다. 전쟁을 시행할 시에는 명확한 목표와 그에 따른 이득이 있어야 하며, 상대의 전력과 나의 전력을 파악하여 전쟁을 어떻게 전개시킬 것인지, 즉 계략으로만 문제를 해결할 것인지, 아니면 상대방을 무력화시켜야 하는지 등에 대한 결정을 해야 한다.

또한 전쟁의 승패에 연관된 전략의 다섯 가지 요소(오사)와 각 요소에 대한 일곱 가지 비교(칠계)에 대해 언급하고 있다. 특히 오사는 본격적인 전쟁 이전에 반드시 확인되어야 하는 내용들로 "도, 천, 지, 장, 법"으로 구성되며, 다음과 같은 의미를 갖는다.

도(道)는 군주와 구성원이 한마음으로 따르는 노선과 정책방침을 의미한다.

천(天)은 추위와 더위, 맑음과 흐림, 계절의 변화 등의 때와 전쟁의 시기를 의미한다.

지(地)는 지형의 험준함 정도, 거리, 지역이 협소함 등의 지리적 여건을 의미한다.

장(將)은 장군의 지혜, 용기, 신의, 위엄 등을 의미한다.

법(法)은 군대의 법규, 군사 훈련, 군수물자의 관리 등을 위한 규율을 의미한다.

시계편의 '오사'는 협상을 준비할 때 다음이 포함되어야 함을 상기시켜 주고 있다.

도 대표이사와 직원들이 내부회의를 통해 협상목표 설정

천 협상일정 및 기간 결정

지 협상국가 및 장소 결정

장 협상자 선정 및 갖추어야 할 역량 파악

법 협상의 안건, 진행방식 등 결정

내부회의를 통해 협상목표를 분명히 하라!

대부분의 사람들은 협상은 외부의 상대방하고만 한다고 생각하게 된다. 그러나 사실 협상은 2단계 구조를 갖게 된다. 먼저 내부협상(내부회의)을 하고, 외부협상을 진행하게 되는 것이다.

내부회의를 할 때에는 우선 내부자를 어디까지 볼 것인가를 결정해야 한다. 기본적으로 회사(조직) 내 구성원이 내부자가 되지만, 때로는 타 부서 혹은 협력업체 등도 내부자에 포함될 수 있다. 기본적으로 내부 안에서 동일한 목소리를 갖지 않게 될 때 협상력은 약화될 수 있으므로, 충분한 논의를 통해 통일되고 명쾌한 협상목표를 갖는 것이 중요하다. 이는 '오사의 도'가 요청하는 것과 맥을 같이하고 있다.

2단계 협상

때로는 내부협상이 외부협상보다 상대적으로 더 어려울 수 있다. 왜냐하면 내부자들은 주로 장기적인 이해관계를 갖고 있어, 내부자들이 회사를 위한 결정보다는 개인들의 이익 혹은 관계를 위해 노력하는 경우가 많기 때문이다. 따라서 대표이사(혹은 책임자)는 회사 직원들이 회사를 위해 논의를 하는지 혹은 사적인 관계/이익 등을 보호하기 위해 노력하는지 살펴보아야 할 것이다.

협상의 목표는 크게 세 가지로 구분된다. 첫째는 비즈니스를 위해서다. 물건을 사고 팔거나, 비즈니스를 기획하거나 등을 위해 협상이 이루어지며, 경우에 따라서는 공식적으로 계약서 작성으로 협상이 마무리되는 경우도 많이 발생한다.

둘째는 협력구축을 위해 이루어지는데, 비즈니스의 목적은 약하지만 서로의 니즈를 충족시키기 위해 협상을 진행하는 경우다. 주로 정부 간, 학교 혹은 비영리단체 등에서 이루어지는 협상이다.

셋째는 갈등을 해결하는 기능이다. 갈등을 해결하는 사회적 방법론은 중재, 조정, 협상 등이 존재하는데, 이를 ADR(Alternative Dispute Resolution: 대체적 분쟁해결제도)이라고 통칭한다. 중재는 갈등이 있는 당사자들 가운데 중재자가 갈등을 해결하기 위한 결론을 내주는 방식이고, 조정은 제삼자가 당사자들이 합의를 이룰 수 있도록 도움을 주는 형태이며, 협상은 당사자들끼리 문제를 해결하는 제도다.

노하우 2

협상안건과 우선순위를 정하라!

내부회의를 통해 먼저 협상의 목표를 설정하는 것은 상대로부터 무엇을 얻기 원하는지를 명확히 하는 과정이다. 협상목표를 설정하기 위해서는 기본적으로 네 가지 기본 내용이 필요하다. 즉 협상안건, 우선순위, ZOPA(협상타결가능지대), BATNA(최상의 대안) 등이 그것이다.

자신이 무엇을 원하는지를 알기 위해서는 먼저 협상의 주제가 될 수 있는 안건이 무엇인지를 나열해야 할 것이다. 특별히 협상안건을 확정하기 위해서는 협상의 내용, 관련한 비즈니스의 형태 등을 고려하고, 이전에 유사한 협상 사례(내부 혹은 외부)를 조사하여 어떠한 안건이 있었는지 확인해야 한다. 이렇게 안건을 리스트화하지 않으면 협상에서 꼭 다루어야 할 협상의 안건이 빠지게 되고, 협상 이후 어려움에 빠지게 된다. 예를 들면, 아래의 금왕무역이 좋은 사례다.

금왕무역은 중국에서 싸고 질 좋은 인형을 구입하여 한국에 판매하는 소규모 무역회사다. 금왕무역은 중국에서 최근에 인기를 모은 인형을 한국에서 판매하기 위해 협상을 하였다.

협상 시 금왕무역은 중국 회사에게 한 달에 몇 개의 제품을 생산하는지 문의하였더니, 최대 5만 개를 매월 생산한다고 하였다. 또한 한국에서 제품을 주문하면 한 달 이내에 한국까지 공급해 줄 수 있는지 문의하였더니 가능하다고 하였다.

협상을 통해 중국 회사는 금왕무역에게 한국 판매권을 주고 영업을 할 수 있도록 허락했다. 금왕무역은 한국 내에서 성공적인 홍보 및 마케팅을 통해 약 8000개의 첫 주문과 계약 대금도 받게 되었다. 금왕무역은 중국 회사에 이를 알리고 구매서(P/O)를 보내 한 달 이내에 운송해 줄 것을 요청하였다.

구매서를 보내고 2일 후에 중국 회사로부터 연락이 왔다. 중국 내에서 주문량이 폭증하여 한 달 이내에 공급은 어렵다고 하였다. 금왕무역은 언제까지 공급해 줄 수 있는지 질의하였고, 중국 회사는 공급을 위해 약 4개월 정도의 기간이 소요될 것이라고 하였다.

금왕무역은 몹시 당황하여 중국 회사에게 계약서에 명시된 손해배상을 지적하며 으름장을 놓았지만, 중국 회사는 무반응으로 대응하였다. 중국 회사는 금왕무역에게 약간의 손해배상을 해 주더라도 중국 내부의 고객을 놓칠 수 없다는 판단이었다. 결국 금왕무역은 기한 내에 물건을 받지 못하였고, 한국 내에서 주문한 고객들의 신뢰를 잃게 되었다.

금왕무역은 왜 이런 실패를 겪었을까? 실패의 근본적인 원인은 협상 시 금왕무역이 중요한 안건을 언급하지 않았기 때문에 나온 결과다. 즉 협상안건을 정리한 체크리스트가 없었기 때문이다.

만약 체크리스트가 있었다면 협상은 어떻게 진행되었을까? 아마 이렇게 진행되었을 것이다. 우선 금왕무역은 협상 시 중국회사에 창고가 있는지 물어보았을 것이다. 중국회사가 창고가 있다고 하면, 금왕무역을 위해 창고에 1만 개의 재고를 보관해 두고, 금왕무역이 구매서를 보내면 한 달 이내에 공급하는 것을 보장해 줄 수 있는지 질의했을 것이다. 이는 '최소 재고량'의 개념인데, 중소규모의 재조업체와 거래할 시 꼭 다루어야 할 협상안건이다. 특히 국제무역 거래에서는 기한 내에 안정적인 공급을 받는 것이 무척 중요한 협상안건이고, 협상 시 꼭 다루어져야 할 내용이다.

또한 중국은 '유동적 시간관리'를 하는 국가다. 마감 시간에 대해 민감하지 않고, 기회에 따라 일정을 유동적으로 변화시키는 경우가 있다. 금왕무역과의 합의가 있더라도 중간에 중요한 일이 생기면 현재 일정을 얼마든지 변경할 수 있는 유동성이 있다. 따라서 협상 전에 이를 안건화하여 회의록에 명문화하고, 관련된 손해배상 문제도 삽입해 두는 것이 중요하다.

협상안건 리스트가 정리되었다면, 다음은 그 안건들의 중요도에 따라 '획득 우선순위'를 결정해야 한다. 즉 협상안건 중에서 꼭 얻기를 원하는 순서를 정해야 한다. 우선순위를 정하는 것은 여러 협상대상 중 자신이 가장 원하는 것과 포기 가능한 것을 가늠하도록 도와준다. 대부분의 협상가들은 협상에 임할 때 상대로부터 무엇을 얻을 수 있는지만 생각한다. 그러나 상대에게 무엇을 양보 혹은 포기가 가능한지를 결정해 놓지 않으면 협상을 성공적인 합의로 마무리 짓는 것은 쉽지 않다. 우선순위가 높은 안건은 당연히 획득해야 하는 것이고, 우선순위가 낮은 항목은 포기 혹은 양보 가능한 항목이 될 것이다.

ZOPA를 결정하라!

우선순위가 정해지면, 각 안건별로 합의 가능한 지대(ZONE)를 정하는데, 이를 전문용어로 ZOPA(Zone Of Possible Agreement)라고 한다. 즉합의가능 최저점과 최고점을 알고 이를 합의 가능한 지대(Zone)로 보는것이다. 이렇게 정리하고 나면, 자신이 협상 시작 시점에 제시 가능수준(타결 최고점)을 알게 되고, 타결 시점에 양보 불가능한 수준(타결 최저점)을 알게 된다.

금왕무역 사례를 적용해 보자. 중국 회사는 금왕무역과 협상 이전에인형 구매단가의 ZOPA를 정해야 한다. 예를 들어, ZOPA를 7달러 내지9달러로 정해 놓았다고 하면, 9달러는 협상 초기에 제시해야 하는 금액이다. 물론 금왕무역은 단가를 낮추어 구매하기 위해 할인을 요구할 것이다. 이때 중국 회사가 금왕무역에 대해 할인해 줄 수 있는 최저점은 7달러다. 7달러 이하로 판매하게 되면 중국 회사는 실질적인 이윤이 발생하지 않기 때문이다.

중국 고전14 대안을 활용한 투량환주

투량환주(偸梁換柱)는 '들보를 기둥으로 바꾸어 사용하라.'는 의미다. 진시황이 병을얻어 더 이상 가망이 없다는 것을 직감하고, 맏아들 부소에게 왕위를 물려준다는 조서를 내린다. 이 조서의 내용은 승상 이사와 중거부령만이 알고 있었고, 맏아들 부소는궁을 떠나 변경 경험을 쌓고 있던 중이었다.

승상 이사와 중거부령은 진시황의 죽음을 우선 비밀로 하고, 부소가 올 때까지 기다리고 있었다. 사실 부소는 만만한 인물이 아니었다. 부소는 사람의 속마음을 읽을 줄 아는 똑똑한 사람이었다. 그리고 부소가 성공적으로 왕위를 물려받게 되면 승상 이사와 중거부령은 큰 위기에 빠질 수 있는 상황이었다.

이를 염려한 중거부령 조고는 승상 이사를 만나 대책을 논하게 된다. 조서에 대한 내용은 자신들밖에 모르니 이를 비밀로 하고, 막내 아들 호해가 후계자로 지목되었다고 속이고 자신들의 자리를 보존하자고 제안한다.

이를 공모한 두 사람은 조서를 위조하여, 부소에게 사형을 내리고 호해가 왕위를 이어받도록 한다. 자신들의 위기를 모면하기 위해 외부에서 대안을 찾은 사례다.

노하우 4
BATNA를 창조하라!

다음으로는, BATNA를 고려해야 한다. "협상자가 어떤 이유로 합의를 할 수 없을 경우 택할 수 있는 최상의 대안"을 말한다. 만약 상대가 우리가 원하는 안건의 ZOPA 밖에서 타결을 원하거나, 우리가 예상하지 못한 안건을 제시할 시를 대비해 최상의 대안인 BATNA(Best Alternative to a Negotiated Agreement)를 준비해야 한다. 대안이 있는 협상자는 그렇지 못한 이보다 협상에서 유리한 고지를 차지할 수 있다. 기본적으로 BATNA가 많을수록 협상 성과는 좋아지게 된다.

그럼 어떻게 BATNA를 준비할 수 있을까? 기본적으로 BATNA를 준비하는 방법은 세 가지가 존재하게 된다.

외부에 다른 대안이 있는지 리서치
상대가 예상하지 못한 협상 안건을 고안
기타 다른 창조적인 방법 고안

협상 사례2 BATNA를 활용한 아름화장품 협상

아름화장품은 중국에 진출하기 위하여, 중국에서 향수 사업을 하고 있는 중국 기업과 합작회사를 설립하기로 했다. 이 중국 기업은 향수 사업을 통하여 백화점, 쇼핑몰 등 많은 판매 네트워크를 구축하고 있었다.

자본금은 49대 51로 출자하여, 중국 기업이 대주주가 되고 운영도 맡기로 하였다. 아름화장품은 중국 기업이 중국유통 및 영업에 대한 노하우가 많다고 판단하여, 지분과 운영권을 양보하였다. 또한 아름화장품은 설립된 합작회사에 중국 총판권을 제공하였다.

아름화장품은 순조로운 중국 진출과 큰 수익도 기대하고 있었다. 그러나 합작회사를 설립하였지만, 중국 회사는 마케팅에 적극적이지 않았다. 오히려 아름화장품과 합작사업을 하게 되었다고 홍보하면서 자신들의 향수 파는 데 더 집중하는 모양새였다.

아름화장품은 답답할 수밖에 없었다. 합작회사에게 중국총판권을 주었으니, 아름화장품이 직접 중국에 판매할 수도 없는 노릇이었다. 결국 아름화장품은 계약을 변경하기를 희망했으나 중국 기업은 계약변경은 불가하다고 난색을 표했다.

아름화장품은 어쩔 수 없이 BATNA를 쓰기로 결정을 했다. 우선 외부에서 해답을 찾기로 하였다. 중국 내에 아름화장품과 파트너십으로 일할 수 있는 업체가 있는지 물색하였다. 다행히 몇 개 후보업체를 찾아내어 비밀리에 계약조건 등 구체적인 것을 협의하였다. 그리고 아름화장품은 중국 기업에 이 사실을 알리고, 계약을 해지하겠다고 하였다. 중국 기업은 크게 반발하였고, 소송하겠다고 으름장을 놓았다. 아름화장품은 이에 굴하지 않고, 아름화장품도 계약위반(열심히 마케팅하지 않은 것)을 문제 삼아 대응하겠다고 하였다.

아름화장품의 강경한 태도와 준비된 BATNA(중국 내 신규 파트너)를 보고, 중국 기업은 결국 계약 변경에 합의하게 된다. 즉 합작회사의 총판권은 세 가지 제품으로 한정시키고, 아름화장품이 나머지 제품은 중국 내에서 독자적으로 판매할 수 있도록 계약을 변경해 준 것이다.

'교환의 법칙'이 BATNA로 활용될 수 있다.

〈표14〉시간지평[13]　　　　　　■ 과거 시간지평　　■ 미래 시간지평

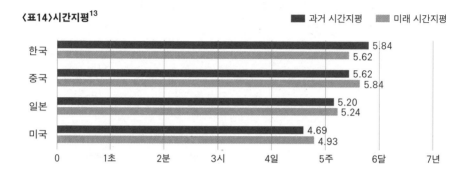

[표14]에서 보는 것처럼, 한국과 중국은 시간지평이 미국과 프랑스보다 긴 것을 알 수 있다. 이를 설명하면, 한국인은 과거와 미래를 '몇 달 단위'로 생각할 때, 미국은 '며칠 단위'로 생각한다는 의미다. 예를 들면, 한국의 직장인들이 먼 미래인 노후생활에 대한 걱정을 더 많이 하는 이유도 긴 시간지평을 갖고 있기 때문이다.

이를 협상에 연결해 보면, 한국과 중국에서는 '교환의 법칙', 즉 이번에 나에게 양보해 주면 다음 번에 그에 대한 보상을 해 주겠다는 '상호호혜'법칙은 한국과 중국에서 많이 사용되는 방법이다. 이는 한국과 중국이 관계를 중요시해서 나타나는 현상이기도 하지만, 미래의 시간지평이 길기 때문에 가능하다. 미국의 경우에는 시간지평이 짧기 때문에 단기적 성과에 집중하게 되어 결국 '교환의 법칙'이 적용되기에는 한계가 있다.

시간에 대한 국가별 차이는 호프스테드의 분석에서도 증명될 수 있다. 한국, 일본, 중국 모두 장기지향성이 높은 국가다. 장기지향적인 사회는 미래에 더 많은 중요성을 부여하고, 지속성, 절약, 적응능력 등 보상을

---

13 Trompenaars etc, 1998, pp. 132-133.

지향하는 가치를 조성한다. 즉 '교환의 법칙'에 필요한 요소인 '미래, 지속성, 보상' 등의 개념을 내포하고 있는 것이다.

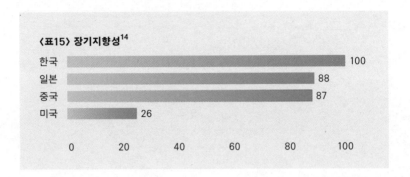

〈표15〉 장기지향성[14]

14　Hofstede Insight, www.hofstede-insights.com/product/compare-countries.

유비의 드림팀과 협상팀 구성 노하우

7

매뉴얼2 | 협상팀 구성표

상대 협상팀	기본정보		예우 목적 정보			연결 목적 정보			
	이름	협상역할	직책	나이	성별	관련자 지인	출신지 출신학교	동호회	협상성향
		협상대표							

우리 협상팀			**| 우리팀 |**	**| 상대팀 |**
	예우목적 협상팀	협상대표 직함		
		협상팀 수		
		남녀구성비율		
		평균 나이		
	연결목적 협상팀	관련자 · 지인	연결점:	
		출신지 · 학교	연결점:	
		동호회	연결점:	
		협상성향	연결점:	

우리팀 협상가 역할

이름:
회사직함:

이름:
회사직함:

이름:
회사직함:

이름:
회사직함:

이름:
회사직함:

상대 협상가들을 분석하여, 우리 협상팀원을 확정하라!

정보 중심의 협상을 하는 서양은 협상팀을 구성할 때 상대 협상가들에 대한 분석이 상대적으로 중요하지 않은 편이다. 그러나 기본적으로 관계 중심의 협상을 하는 한중일은 상대 협상가에 대한 파악이 무엇보다 중요하다. 이는 우리 협상팀을 구성하는 지렛대 역할을 하기 때문이다.

상대 협상가에 대한 정보는 크게 예우정보와 연결정보로 구분될 수 있다. 예우정보는 직책, 나이, 성별 등으로 구성되는데, 상대에 대한 예우의 수준을 결정하는 기준이 된다. 우선 중국과 일본의 협상대표는 보통 중년 남성이 맡는 경우가 많아 우리 협상대표를 선정 시 기준이 된다. 또한 중국과 일본에서는 직책이 높으면 그에 합당한 예우가 필요하게 되는데, 협상자의 수를 늘리는 것도 종종 상대를 예우하는 방법이 된다.

한편 연결정보는 상대와의 연결점을 찾아 대화를 편하게 이끌고 나갈 수 있는 출발점을 만들기 위해 중요한 정보다. 특히 관계 중심의 중국 혹은 일본과 협상할 시 그 중요도는 더욱 높아진다고 할 것이다. 연결정보는 크게 관련자·지인, 출신지·출신학교, 동호회, 협상성향 등으로 구성될 수 있다. 예를 들면, 상대 출신지, 출신학교 등을 미리 파악하고, 출신지, 출신학교가 동일하거나 연관성이 있는 사람을 협상자로 내세우게 되면 상대와 친분을 맺는 데 크게 도움이 된다.

협상 사례3 관계를 활용한 추이 샌드위치 협상

'추이(Chui) 샌드위치'는 중국의 타이거 청소년 연구소(Tiger Youth Institute)에 간식을 제공하고 있는 업체다. 3년의 계약 기간 동안 매주 수요일 3시에 300개의 샌드위치를 제공하였다.

그러던 어느 날 샌드위치를 먹은 이후 4-5시경에 다섯 명의 실습생(주로 이십 대)들이 동시에 배탈이 나게 되었다. 급히 병원으로 데려가 진찰을 하였더니, 심한 상태는 아니고, 2-3일 정도 쉬면서 약을 먹으면 크게 문제가 없을 것이라고 하였다. 담당 의사에게 배탈 원인이 무엇인지를 물어 보았더니, 그것은 직접적으로 알 수 없고 역학조사가 필요한 문제라고 이야기해 주었다.

샌드위치가 상했을 가능성이 높지만 확실하지는 않고, 300명 중 다섯 명만 문제가 있었기에, 타이거 청소년 연구소의 급식 담당인 첸 팀장(삼십 대 후반 남성)은 이 문제를 어떻게 할까 고민하였다. 비용을 들여 역학조사는 해야 할지, 상부에 보고해야 할지, 업체에게 무엇을 요구해야 할지, 그리고 경우에 따라서는 업체를 바꾸어야 할지 등에 대해 고민하였다.

첸 팀장은 일단 추이 샌드위치의 영업담당인 리 매니저(삼십 대 중반 여성)를 호출하여 관련 협상을 진행하고자 하였다. 그런데 리는 자신 회사의 부사장(오십 대 후반 남성)과 함께 대동하였다. 그 부사장은 타이거 청소년 연구소의 대주주와 같은 동호회에서 활동하는 절친 관계였다. 알고 보니 그런 친분 관계로 추이 샌드위치가 영업에도 성공하였고, 지금은 그 관계를 이용하여 암묵적 압박을 할 예정인 것 같았다.

리는 자신들이 병원비 포함 관련 비용은 지불할 테니, 이를 크게 문제 삼지 말아 달라고 부탁하였다. 즉 상부에 보고하지 말고, 역학조사도 하지 말아 달라는 것이었다. 그리고 원하면 배탈이 난 실습생들에게 약간의 장학금도 지급하겠다고 하였다. 첸은 리의 제안을 긍정적으로 받아들여 합의하기로 하였다.

[협상 사례3]에서 볼 수 있듯이, 추이 샌드위치 부사장(오십 대 후반)의 등장은 삼십 대 후반인 첸 팀장을 예우하기 위한 깜짝 등장이었다. 특히 그 부사장은 자신의 회사(타이거 청소년 연구소)의 대주주와 같은 동호회에서 활동하는 절친한 관계였다. 즉 첸을 예우하기 위한 목적과 상대

회사와의 연결점을 이용하여, 친교적 관계 형성과 암묵적 부담감을 동시에 제공하는 효과를 거둔 것이다. 결론적으로 리 매니저가 자신 회사의 부사장을 협상팀에 포함시킨 것은 효과적인 전략이라 할 것이다.

노하우 7

협상 대표의 중요성을 인지하라!

한중일은 기본적으로 리더의 위상이 무척 중요하다. 이런 이유는 결정구조가 톱다운(Top-down) 방식으로, 비위임형 협상문화를 갖고 있기 때문이다. 즉 협상에 대한 결정 권한이 협상 대표에게 집중되어 있는 경우가 대부분이다. 이러한 결정 구조와 협상 대표의 중요성은 헤이르트 호프스테드 연구를 통해서 검증될 수 있다.

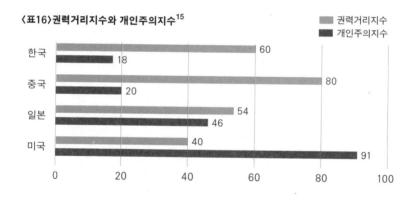

〈표16〉권력거리지수와 개인주의지수[15]

15 Hofstede, G. (1994). The business of international business is culture. *International Business Review, 3*(1), pp. 1-14.
Hofstede, G. (2001). *Culture's consequences: Comparing values, behaviors, institutions, and organizations across nations*: Sage Pubns, pp. 65-84.

호프스테드 연구는 한중일의 권력거리지수와 개인주의지수를 분석해 주고 있다. 권력거리지수(Power Distance Index)란 '권력이 약한 구성원들이 권력의 불평등한 분배를 수용하고 기대하는 정도'를 의미한다. 권력거리가 작은 문화는 '민주적이고 의논하여 결정하는 것이 일반적'이라면, 권력거리가 클수록 '하급자들이 권력자들의 전제적이고 가부장적인 리더십을 그대로 수용'하기 쉽다는 의미다.

중국이 권력거리지수가 가장 높고, 한국, 일본, 미국 순으로 나타난다. 즉 중국과 한국은 협상대표가 임의대로 협상 관련 결정을 하더라도, 협상 팀원들은 협상 대표의 전제적이고 가부장적인 리더십을 그대로 수용하기 쉽다는 의미다.

또한 '개인주의'가 낮다는 말은 '집단주의' 성향이 높다는 의미다. 집단주의는 개인들이 일생 동안 소속된 집단의 구성원으로 행동하고, 절대적 충성을 통해 집단으로부터 보호받는 것을 의미한다. '개인주의'는 미국이 월등히 높고, 일본, 중국, 한국 순으로 나타났다. 이를 재해석하면, 중국과 한국의 협상가들은 협상팀에 소속된 구성원으로 행동하고, 협상 대표에 대한 충성을 통해 협상팀으로부터 보호받는 것을 의미한다.

정리하면, 한국과 중국은 권력거리지수가 높고 동시에 집단주의 문화도 크다는 것을 통해 협상 대표의 중요성을 알 수 있는 대목이다. 즉 협상 대표의 권위적이고 일방적인 결정도 대체적으로 쉽게 수용하며, 집단 안에서 충성을 미덕으로 삼고 있기에, 그에 대한 반론도 거의 없다는 것을 의미한다.

그러나 일본은 한중과는 약간 다르다는 것을 알 수 있다. 권력거리지수도 상대적으로 낮을뿐더러 개인주의 성향이 많이 높다는 것을 알 수 있다. 이는 협상 시 협상 대표의 결정에 대해 무조건 따르지 않을 수도 있다는 의미다. 실제로 일본은 '링기'라는 독창적인 시스템에 의해 조직 전체가 단계적으로 의사결정에 참여하고 있다. 협상 대표뿐만 아니라 협상팀, 심지어 결재 라인에 있는 본사 직원들도 단계적이고 합의적으로 결정에 참여하게 된다.

우리 협상 대표의 성향을 분석하여 협상팀 역할을 분배하라!

중국 고전15 드림팀이라 불린 유비와 그 측근들

무경십서의 『장원』은 장수의 유형을 다음과 같이 아홉 가지로 구분한다.

인장(仁將)	법제와 예의로 부대를 정비하고, 덕과 예로 부하들의 고충을 함께 나눈다.
의장(義將)	대의를 위해서는 어려움이 예상되더라도 굴욕적인 삶을 선택하지 않는다.
예장(禮將)	지위가 높아도 겸손하여, 지혜롭고 겸손하며 강직함으로 인내한다.
지장(智將)	뛰어난 용병술로 전쟁을 승리로 이끄는 데 능하다.
신장(信將)	포상과 형벌을 적절히 잘 활용하고, 신분에 상관없이 원칙에 따라 운영한다.
보장(步將)	행동이 민첩하고, 기개가 호방하여 장병들을 압도하며, 각종 병기에 능하다.
기장(騎將)	고산이나 험준한 지형을 쉽게 오르내리며, 말 위에서 활을 능숙히 쏘고, 진격할 때는 선봉에 선다.
맹장(猛將)	적군을 두려워하지 않으며, 적과의 전투에서 용맹을 떨친다.
대장(大將)	배우기를 마다하지 않고, 용감하고 의지가 굳세지만 마음은 너그럽다.

그렇다면 촉나라의 유비는 어떠한 리더십을 가지고 있었을까? 유비는 인장에 가까운 인물로서, 자신의 약점을 보완할 인물들과 3인방 체제(유비, 관우, 장비)를 구축하고, 조언자인 제갈공명을 옆에 두었다.

근엄하고 말없이 우직한 관우는 의장, 예장의 역할을 맡고, 단순하고 즉흥적인 장비는 맹장의 역할을 하며, 지혜로운 제갈공명은 지장의 역할을 감당한 것으로 보인다. 이렇듯 유비의 리더십을 중심으로 부족함을 서로 보완하는 체제를 구축하고 있었다. 이렇게 상호 보완적인 유비의 팀은 드림팀이라 불리며, 아직도 한중일에서 타의 추종을 불허하는 전설적인 팀워크로 남아 있다.

유비, 관우, 장비, 제갈공명의 사례에서 볼 수 있듯이, 우선 협상 대표의 성향을 파악하고, 협상 대표의 협상 성향이 보완되도록, 그리고 그 강점이 잘 발휘될 수 있도록 협상팀을 만들어야 한다. 이를 위해 다음과 같은 단계가 필요하게 된다.

첫째, 각 구성원의 협상성향을 분석한다.

둘째, 협상 대표의 성향을 검토하고, 특히 그에게 부족한 성향을 파악한다.

셋째, 협상 대표에게 부족한 성향을 가지고 있는 팀원들을 찾고, 그들에게 협상 대표를 보완할 수 있는 역할을 부여한다.

넷째, 협상 대표와 팀원들이 어떻게 시너지를 낼 수 있을지 논의한다.

다섯 가지 협상성향

그럼 각 구성원의 협상성향을 분석해 보자. 협상성향은 다섯 가지로 구분되는데, A Type(꼼꼼한 조력자 유형), B Type(논리적 토론 유형), C Type(대안창조 유형), D Type(결정권자 유형), G Type(중재자 유형)으로 정리된다. 각 협상성향이 가진 특성을 다음과 같이 정리해 보았다.

〈표17〉 협상성향 특성

Type	협상성향	특성
A Type	Assistant Negotiator (꼼꼼한 조력자 유형)	체계적이고 꼼꼼하며 신중하다. 관찰력이 좋다. 다양한 정보를 모으고 이를 체계화한 뒤 분석하여 뒤에서 협상을 돕는다. 말보다 글로 표현하고, 모인 정보를 바탕으로 예측하는 능력이 뛰어나다.
B Type	Bad Guy (논리적 토론유형) (악역)	객관적이고 논리적이며 통찰력이 뛰어나다. 또 분석적이며 논쟁과 토론을 즐긴다. 실질적인 문제를 분석하고 적용하는 일에 능숙하다. 논의를 할 때는 자신의 입장에 확신을 가지고 강하게 주장하여 이견을 제시하는 사람에게 공격적으로 반응하기도 한다.
C Type	Creator of BATNA (대안 창조 유형)	창조적으로 새로운 아이디어를 제시한다. 기존의 관례나 규칙을 따르기보다는 긍정적 변화를 위한 혁신적인 방법을 고민한다.

D Type	Decision Maker (결정권자 유형)	결단력이 있고, 자신감이 넘친다. 다른 사람들을 격려해 개인이 가진 역량을 충분히 발휘할 수 있도록 한다. 의지력이 강해서 자신이 결정한 사안을 밀고 나가는 힘이 있다.
G Type	Good Guy (중재자 유형) (선역)	안정적이고 균형적인 상태와 조화를 추구한다. 기본적으로 갈등과 긴장을 싫어하기 때문에 원만한 상황을 유지하고자 노력한다. 판단적이기보다는 수용적이고, 비언어적 의사소통에도 능숙하여 협력적인 분위기를 조성한다.

각 협상성향의 역할과 주의사항

이 유형들은 협상에서 자신의 성향을 활용하여 협상을 진행할 수 있는데, 협상 시 그 역할은 다음과 같다. 단 각 성향은 독특하게 가진 강점도 있지만, 주의해야 할 사항도 있다는 것도 놓치지 말아야 한다.

〈표18〉 협상성향 유형별 역할

협상성향	협상 역할	주의 사항
A Type	협상 테이블에서는 눈에 띄지 않으나, 소리 없이 협상 내용을 꼼꼼히 검토하고 지원하는 역할	조그만 사안에 치중하여, 협상 전체를 보지 못하는 과오를 범할 수 있음.
B Type	협상에 임할 때 안건에 대해 분석하여, 논리적으로 토론하는 역할	지나친 논쟁으로 협상 분위기 자체를 냉각시킬 수 있음.
C Type	협상이 난항에 부딪힐 때, 전환적인 아이디어를 제시해 협상의 분위기를 바꾸는 역할	뛰어난 직관으로 통찰력 있는 대안을 제시하나, 논리적으로 설득하는 데 어려움이 있을 수 있음.
D Type	협상 내에서 영향력을 행사하고, 협상을 과감히 끌고 나가며, 명확한 결정을 하는 역할	자신이 한 번 결정한 사안에 대해 타협하지 않아 상대와 관계를 냉각시킬 수 있음.
G Type	상대 의견을 경청하고, 중재하는 역할을 통해 협상 안건을 조율하며, 좋은 관계에서 협상이 타결되도록 하는 역할	상대와의 관계를 고려하여, 상대의 의견을 수용하는 태도로, 종국에는 협상성과를 악화시킬 수 있음.

협상대표 중심의 협상팀 구성법

자신의 협상팀의 협상성향을 진단해 보고, 서로 나누어 보는 것이 중요하다. 특히 협상팀의 리더인 결정권자의 협상성향을 파악하여, (유비의 사례처럼) 결정권자에게 부족한 성향을 보완할 수 있는 사람들로 협상팀을 구성하는 것이 효과적이다. 예를 들면, 협상팀 대표가 선역(Good Guy) 성향을 가지고 있다면, 악역(Bad Guy) 역할을 할 수 있는 협상팀원을 선발해야 한다. 또 협상팀 대표가 꼼꼼하지 못하다면, A Type 성향의 팀원을 보충하는 것이 중요하다.

〈표19〉 협상성향 유형별 역할

사례1	사례2
협상대표 Good Guy, 꼼꼼하지 않음	**협상대표** Bad Guy, 융통성 없음
협상팀원1 Bad Guy	**협상팀원1** Good Guy
협상팀원2 Assistant Negotiator	**협상팀원2** Creator of BATNA

참고로, 결정권자는 가능하면 한 명이 하면 좋다. 협상팀의 조직력이 약할수록 협상 테이블에서 결정을 아무나 하는 경향이 있는데, 이 경우 상대는 쉽게 "Yes"를 하는 협상가를 집중적으로 설득할 가능성이 높아지게 된다.

협상 시 종종 상대가 예상하지 못한 질문 혹은 요구를 하는 경우가 발생한다. 이 경우 협상 대표 이외의 협상팀원들은 그 질문 혹은 요구에 대해 답변을 해서는 안 된다. 이 경우도 바로 협상 대표가 아닌 사람이 결정하는 경우에 해당된다. 왜냐하면 협상 대표가 상대의 질문 혹은 요구에 어떻게 반응할지 확인하지 않고 먼저 반응했기 때문이다.

환원하여 생각하면, 본 협상에 오기 전 내부회의 과정에서 언급되거나 합의되지 않은 내용에 대해 협상 대표가 아닌 협상팀원이 의사를 밝히는 것은 지양된다. 이는 협상 대표의 허락 없이 자신이 결정하는 결과를 가져오기 때문이다.

각 협상성향 강점 개발

개인의 협상성향을 확인하게 되면, 그 성향의 강점을 극대화하기 위한 노력이 필요한데, 이를 정리하면 다음과 같다.

A Type

협상 전 체크리스트를 만들어서, 협상 시 필요한 사항 및 문서들을 미리 준비한다.

B Type

상대를 깊이 분석하여, 상대에게 질문, 설득, 논쟁해야 하는 내용을 정리하고, 미리 연습해 둔다.

D Type

- 멤버들에게 협상을 위한 역할을 정해 준다.
- 협상 테이블에서 결정을 위한 기준을 미리 마련한다

C Type

협상 테이블에서 제시할 BATNA를 고안한다. 이를 위해 유사한 협상 사례를 많이 리서치한다.

G Type

- 상대와 어디에서 식사하고, 어떤 교제를 나눌지 생각한다.
- 교감형 커뮤니케이션을 연구한다.

마음을 낚은 위문후와
관계증진 구상법

8

매뉴얼 3 | 관계증진 기획표

상대협상팀

개인 정보			관계증진 정보				
이름	직책	성별	식성	음주/ 흡연량	개인 온라인 활동	취미/종교	기타 관심사

접대 기획

내용	상세내역	기획사유	비용금액	비용부담 주체
호텔 및 숙소				
차량지원				
관광일정				
식사접대				
외부행사				

친교 기획

내용	상세내역	기획사유	비용금액	비용부담 주체
온라인 활동				
취미 활동				
종교 활동				
기타 활동				

비즈니스 에티켓

내용	세부구분	해당 국가 유의사항	협상 시 적용
첫 만남 에티켓	호칭		
	인사		
	복장		
	선물		
접대 에티켓	식사		
	좌석배치		
대화 에티켓	제스처 및 표현		
	대화주제		

중국 고전16 마음을 얻은 위문후와 기회를 놓친 중산왕

춘추시대 말기에 진나라는 위씨, 한씨, 조씨가 나누어 다스리게 되었고, 이를 삼진이라 불렀다. 삼진 중에 위씨가 세운 위나라가 북쪽에 있는 중산을 공격할 계획을 세우게 되고, 이 전쟁을 수행할 군대 대장을 물색하게 된다. 위나라의 제후인 위문후가 신하들에게 적당한 인물을 천거할 것을 요청한다.

이때 대부 척황이 악양이라는 인물을 천거하게 된다. 이유는 악양이 문무에 뛰어나고 위나라의 부름을 받기 위해 준비하고 있었기 때문이었다. 특히 악양은 대의에 어긋나면 움직이지 않는 사람으로서 벼슬을 내린다고 부를 수 있는 인물이 아니었다. 대표적으로, 악양의 큰아들 악서가 중산에서 벼슬을 살고 있었는데, 악서가 중산의 왕에게 천거하여 악양에게 벼슬을 받을 수 있도록 만남을 주선하였다. 그러나 악양은 중산의 왕이 섬길 만한 그릇이 되지 못함을 보고 왕과의 만남을 거부한 이력이 있었다.

위나라의 신들은 악양의 큰아들 악서가 공격 대상인 중산에서 벼슬을 살고 있는 이유로 군대 대장 선임을 반대하였지만, 위문후는 악양이라는 인물을 알아보고 그를 대장으로 임명한다.

임명 받은 대장 악양은 군대를 이끌고 중산을 공격하여 중산의 도성을 포위하게 된다. 중산의 왕은 이에 대한 해결책으로, 악양의 아들 악서에게 명령하여 악양과 협상하도록 한다. 중산의 왕은 부자지간이라는 관계를 이용하고자 한 것이었다. 협상에 따라, 악양은 세 달간 공격하지 않고 중산의 왕이 항복할 기회를 제공한다. 사실 악양은 아들과의 정보다는 중산 백성들의 자발적인 마음을 얻으려 한 것이었다.

한편 악양이 3개월간 중산을 공격하지 않는 것을 보고, 위나라의 신하들은 악양을 탄핵하는 상소를 위문후에게 계속 올리게 된다. 그러나 위문후는 그 상소문들을 상자 속에 봉해 두고, 악양에 대한 절대적인 신임을 보여 주게 된다. 즉 악양의 마음을 얻는 데 집중한 것이다.

약속된 3개월이 지나자 악양은 다시 중산을 공격할 차비를 하게 된다. 이때 중산의 왕은 악서를 죽이겠다고 악양을 협박한다. 그러나 악양은 이에 개의치 않고 총공세를 펼쳐 중산을 굴복시킨다.

중산전투의 사례에서, 위문후는 악양의 마음을 얻기 위해 신하들의 반대를 무마시키는 정치적인 결단을 보여 준다. 악양의 마음을 얻는 것이 그의 진실된 충성을 이끌어 낼 수 있을 것이라 생각한 것이다. 결국 이러한 위문후의 통 큰 결단은 악양이 자기 아들의 죽음을 넘어선 충성으로 보답하기에 이른다.

반대로, 중산왕은 자신의 신하였던 악서를 사지로 몰아내는 데 급급한 모습을 보였다. 그와의 관계보다는 국가의 실익을 우선시했던 것으로 보인다. 비슷한 예로, 제갈량의 마음을 얻은 유비의 사례를 하나 더 살펴보자.

중국 고전17 제갈량의 마음을 얻은 유비

촉한의 유비가 임종을 앞두고, 승상 제갈량에게 그 아들 유선을 부탁하게 된다. 유비가 볼 때 유선은 아직 많이 부족하여 나라를 다스릴 후계자로 부족함이 있으니, 제갈량이 보좌할 만하면 보좌하고, 그러지 못하다고 판단되면 아들을 폐하고 자신의 자리를 차지해도 좋다고 하였다.

이 말을 들은 제갈량은 눈물을 흘리며 이렇게 유비에게 답한다. 자신은 유비의 아들에게 충성을 다할 것이며, 목숨을 바치더라도 유선이 보위를 잇도록 하겠다고. 이에 유비는 유선에게 '모든 일을 승상과 함께 처리하고, 승상을 아버지처럼 섬기라고' 당부한다.

그리고 유비가 죽은 다음에 제갈량은 실제로 그 약속을 지키게 된다. 물론 제갈량이 촉한을 실질적으로 경영하는 역할을 담당하지만, 제갈량은 유선의 자리를 탐하지 않고 충성을 바친다. 유비가 후사에 앞서 제갈량의 마음을 얻은 결과물이었다.

세월이 지나 제갈량이 사망하자, 유선도 상복을 입고 3일간 애도하게 된다. 유비, 제갈량, 유선은 한마디로 가족이었던 것이다.

노하우 9

비즈니스 전에 식사를 먼저 하라!

중일과 협상을 하기 위해서는 상대와의 관계가 무척 중요하기 때문에, 관계를 높이기 위한 전략이 중요하다. 따라서 비즈니스 외에 상대 협상가들과의 개인적인 친교 활동이 무엇보다 중요하다.

에린 마이어의 연구에 의하면, 일본과 중국에서는 모두 관계증진이 상대에 대한 신뢰를 높일 수 있다. 즉 [표21]과 같이 '업무 중심'에 가까울 수록 신뢰는 상대와의 지속적인 비즈니스 활동 과정에서 생기게 된다는 의미다. 반면 '관계 중심'에 접근할수록 신뢰는 식사와 커피를 하면서, 혹은 취미를 함께 즐기는 과정에서 생긴다는 의미다. 중국과 일본 모두 관계 중심에 치우친 문화권이므로, 상대와 개인적으로 친분을 쌓기 위해 노력해야 한다는 의미다.

〈표21〉 신뢰[16]

미국	덴마크	독일	영국	폴란드	프랑스	이탈리아	일본	터키	중국	나이지리아

업무 중심   관계 중심

---

16 Erin Meyer, The Culture Map, Public Affairs, 2014, p.170-174.

관계증진 정보를 활용하라!

상대와의 친분을 위해 우선 '관계증진 정보'를 수집해야 하는데, 상대의 식성, 음주 및 흡연량, SNS 등 개인 온라인 활동, 취미 혹은 종교 등이 포함된다. 정보수집이 완료되면, 수집된 정보를 활용하여 어떻게 상대와의 관계를 증진시킬 수 있을지 기획해야 한다. 관광, 식사접대, 외부행사, 취미활동 등 다양하게 기획될 수 있다.

이와 관련된 재미있는 사례로 '트럼프 대통령의 한중일 방문'이 소개될 수 있다. 트럼프 대통령이 2017년 11월에 한중일을 동시에 방문하게 되었는데, 이때 3개국은 경쟁이라도 하듯 트럼프 대통령에 대한 의전에 총력을 집중하고, 그와의 관계를 좋게 하기 위해 다양한 친교 전략을 구사한다.

예를 들면, 한국은 트럼프 대통령의 식성을 통해 관계를 높이는 전략을 구사한다. 메인 메뉴인 가자미구이는 트럼프 대통령이 가장 좋아하는 생선요리로서, 문재인 대통령의 고향인 거제도산 가자미로 요리하였다. 또한 술을 마시지 않는 트럼프 대통령을 위해 '다이어트 콜라'를 대접했다. 중국은 관광을 통해 트럼프와의 관계를 높이는 전략을 구사한다. 트럼프 대통령만을 위해 자금성을 통째로 휴관하는 '황제급 의전'을 선보인다. 일본의 경우 '오모테나시(극진한 대접)' 외교를 선보이며, 트럼프 대통령의 취미를 공략한다. 골프광인 트럼프 대통령을 위해 일본의 골프 영웅 마쓰야마 히데키를 섭외하여 황제 골프 접대를 한다.

한국 음식전략[17]

중국 관광전략[18]

일본 취미전략[19]

비즈니스 매너 및 에티켓을 공부하라!

비즈니스 매너와 에티켓을 이해하지 못하면 자칫 상대에게 불쾌감을 주어 관계가 훼손될 수 있으므로, 반드시 협상 전에 이에 대한 공부를 해야 한다. 이는 호칭, 인사법, 좌석배치, 민감한 제스처 및 표현, 대화주제 등이 포함된다.

● 중국: 첫 만남 에티켓

중국과 약속을 잡을 때는 중국 전통 연휴 기간 동안은 피해야 한다. 중국에는 5대 절기가 있는데, 춘절(음력 1월 1일), 청명절, 단오(음력 5월 5일), 중추절(음력 8월 15일), 국경절(10월 1일) 등이 대표적이다. 보통 3일 이상 휴무하며, 춘절과 국경절의 경우에는 7일 이상 휴무하는 경우도 많다.

---

17   청와대 제공, 2017년 11월 7일.
18   한겨레신문, http://www.hani.co.kr/arti/international/china/818109.html, 2017년 11월 8일 자.
19   중앙일보, http://news.joins.com/article/22087548, 2017년 11월 6일 자.

중국에서 첫 만남 시에는 이름을 빼고 성에 직함을 붙여 부르고, 악수를 할 때에는 직책이 높은 사람이 먼저 손을 내밀 때까지 기다리는 것이 바람직하다.

중국과 미팅할 때 복장에서 유의할 점은, 중국 남성들은 많은 경우 넥타이를 하지 않으므로 상대를 무시한다고 오해하지 말아야 한다. 또한 녹색모자 착용은 금기해야 한다. 원나라 때부터 이어진 전통으로서, 남자가 녹색 모자를 쓰면 '아내가 바람났다.'는 것을 의미하기 때문이다. 비슷한 맥락으로, 중국어로 '녹색 모자가 씌워졌다.'는 의미는 '자신의 체면이 구겨졌을 때' 쓰는 표현이다. 또한, 중국인들은 녹색과 빨간색을 동시에 입지 않는다.

상대에게 선물을 할 때 중국에서 하얀 꽃, 시계, 우산, 손수건 등은 죽음, 이별 혹은 눈물을 상징하므로 적절하지 않다. 중국인들은 선물을 받고 나서 그 자리에서 열어 보지 않는 것이 일반적이라, 향후 집에 돌아가서 상대의 선물을 확인했을 때, 물건의 내용을 확인하고 크게 기분 나빠 할 수 있다.

● 일본: 첫 만남 에티켓

일본 협상가를 만났을 때, 일본에서는 상대의 이름 대신 성으로 부르는 것이 일반적이다. 성 다음에 '상'을 붙여서 호칭하는 것이 좋다. 또한 성 뒤에 그 사람의 직책을 부르는 경우에는 '상'을 추가로 붙여 호칭하지 않도록 주의한다.

인사를 할 때는, 일본에서는 아무리 친한 관계라 하더라도 스킨십을 요하는 인사(포옹, 볼을 만지는 행위)는 일반적이지 않다. 따라서 일본식 인사법을 활용하면 더욱 친숙하게 다가갈 수 있게 된다. 일본의 인사는 기본적으로 '에샤쿠', '경례', '최경례' 등 세 가지가 있다.

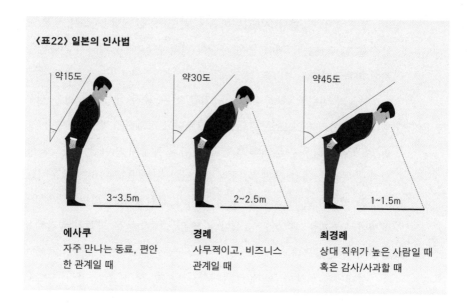

〈표22〉 일본의 인사법

약15도 / 약30도 / 약45도

3~3.5m / 2~2.5m / 1~1.5m

에샤쿠
자주 만나는 동료, 편안
한 관계일 때

경례
사무적이고, 비즈니스
관계일 때

최경례
상대 직위가 높은 사람일 때
혹은 감사/사과할 때

인사를 할 때는 기본적으로 다음과 같이 세 단계로 인사를 한다.

1단계, 일단 걸음을 멈추고, 양팔을 바지선에 나란히 하여 차렷 자세로 선다.
(여성의 경우에는 양손을 앞으로 가지런히 포개어 선다.)
2단계, 상대방과 시선을 맞추고, 허리부터 상체를 숙인다.
3단계, 고개를 들고, 다시 상대방과 시선을 맞춘다.

에샤쿠는 동료, 지인, 편안한 관계에서 자주 만나는 관계일 때 하는
인사다. 상체를 15도 정도 구부리고, 시선은 3미터에서 3.5미터 앞을 본
다. 중요한 것은 목만 까딱하여 인사하는 것이 아니고, 허리부터 상체를
숙이는 동작이 중요하다.

경례는 사무적인 관계일 때 주로 사용한다. 상대 협상가나 비즈니스
파트너를 만났을 때, 가장 일반적으로 사용하는 인사다. 상체를 30도
정도 구부리고, 시선은 2미터에서 2.5미터 바라본다.

최경례는 허리를 45도 이상 구부리는 가장 공손한 자세다. 상대 협상가의 직위가 많이 높을 때 사용하며, 비슷한 직위의 협상가라도 상대를 배웅할 때는 이 자세를 사용하기도 한다. 또한 상대 협상가에게 특별히 감사 혹은 사과를 해야 할 일이 있을 때에도 이 인사를 한다.

복장의 경우에는 전통적으로 회색이나 남색 정장에 하얀 셔츠, 그리고 어두운 색의 넥타이가 기본이다. 대기업 혹은 정부기관 등 격이 있는 자리는 이 복장 전통이 유지되고 있다. 중국과 달리 넥타이를 매지 않는 것은 격이 떨어진다고 생각하는 경우도 많으니 유의해야 한다. 일본 복장 에티켓에서 특이한 점은 양말에도 신경을 써야 한다는 것이다. 일본은 좌식 레스토랑이 많이 있기 때문에 신발을 벗어야 하는 경우가 종종 생기게 되는데, 이때 양말의 색깔 혹은 브랜드 등도 노출될 수 있기 때문이다.

선물의 경우에는 일본과의 협상에서 간과해서는 안 되는 부분이다. 일본 비즈니스 문화에는 선물교환이 중요한 상관습으로 남아 있기 때문이다. 여름에는 '오츄우겐(お中元)', 연말에는 '오세이보(お歳暮)'라고 하여, 업체끼리 선물을 교환하곤 한다.

물론 고가의 선물은 상대에게 부담을 줄 수도 있으므로 주의해야 한다. 간단하지만 서로 우정의 메시지를 담은 제품이면 충분하다. 그러나 몇 가지 주의해야 할 품목이 있다. 대표적으로, 손수건과 칼은 상대와의 절연을 의미하므로 주의해야 하고, 선물 개수가 넷 혹은 아홉인 경우에는 죽음을 상징할 수 있음으로 선물 수량에도 주의해야 한다.

일본에서는 선물을 받을 때 바로 풀지 않고, 상대와 헤어진 후 개인적으로 풀어 보는 문화가 있다. 또한 일본에서는 선물에 대해 사양의 표현을 한두 차례 보이는 경우가 있으나, 이는 관례적인 경우이므로 진짜로 선물받을 의지가 없는지를 잘 확인해야 한다.

● 중국: 접대 에티켓

중국인에게 음식은 생활의 중심에 자리 잡고 있다. 이를 반영하듯 중국에서는 의식주(衣食住) 대신 식의주(食衣住)라는 말이 보편적으로 사용될 정도다. 우선 중국은 사용한 숟가락은 반드시 뒤집어 놓아 더러운 것을 보이지 않는 것이 좋다. 한국이 숟가락을 똑바로 놓는 것과는 다르다. 숟가락은 탕을 마실 때 정도만 사용하고, 대부분의 음식은 젓가락으로 먹는다. 젓가락은 말할 때는 내려놓아야 하며, 밥그릇에 꽂아 두면 안 된다. 그릇을 들어 젓가락으로 음식을 입으로 밀어 넣으며 식사하는 것은 중국에서는 일반적이므로, 이상한 눈으로 보지 않아야 한다.

중국 레스토랑은 회전 테이블이 있는 경우가 많은데, 이 경우에는 시계 방향으로 돌려서 먹는 것이 원칙이다. 원형 식탁에는 열세 명이 함께 식사하는 것은 금기시되는데, 이유는 중국에서 13이란 숫자가 사리 분별을 못한다는 의미가 있기 때문이다. 큰 대접에서 음식을 덜어 먹을 때는 몇 번이고 덜어서 먹는 것은 문제가 되지 않으나, 덜어 온 것은 남기지 않고 다 먹은 후 추가로 덜어 먹는 것이 좋다. 그러나 식사를 마칠 즈음에는 소량의 음식을 남기는 것이 예의다. 음식 접시를 깨끗이 비우면 빨리 음식을 더 달라고 하는 표현으로 주인에게 부담을 줄 수 있다.

식사를 하는 경우에는 손님 접대용으로 술을 마시는 것이 기본이다. 술을 마실 때는 한 사람씩 돌아가며 술을 권하고, 건배사를 한 사람씩 돌아가면서 하는 경우도 많다. 단 한국처럼 술잔을 돌리는 관습을 가지고 있지는 않다. 술 대신 차를 마실 때는 받침까지 들고 마시는 것이 원칙이며, 차를 마신 후에는 뚜껑을 반쯤 덮어 두어야 계속 마시겠다는 의사를 표현하는 것이다.

전통적으로 식사 시 자리 배치를 할 때, 주인이 출입구 쪽에 앉고, 상대 협상 대표를 마주보고 앉는다. 상대 협상 대표를 기준으로 왼쪽으로 2, 4, 6번 서열이 앉고, 오른쪽으로 3, 5, 7번 서열이 앉는 것이 기본이다. 그러나 최근에는 서양식으로 협상 대표를 기준으로 오른쪽에 서열이 높은 사람이 먼저 앉는 경향도 있다. 전통적인 자리배치를 그림으로 표현하면 다음과 같다.

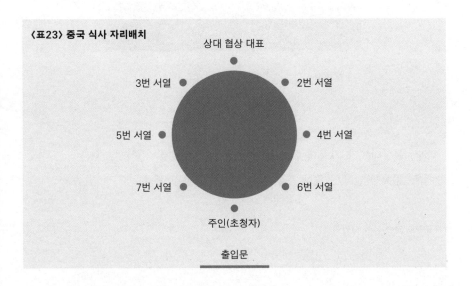

〈표23〉 중국 식사 자리배치

상대 협상 대표

3번 서열　　2번 서열

5번 서열　　4번 서열

7번 서열　　6번 서열

주인(초청자)

출입문

● 일본: 접대 에티켓

관련하여, 일본에서는 앉는 좌석 배치도 무척 중요하다. 이를 숙지하지 못하면 자칫 겸손하지 못하고 무례하다는 평가를 들을 수 있다. 일본은 전통적으로 왼쪽이 상석으로 인식되어 왔으나, 근대 서양 문화가 들어오면서 지금은 오른쪽이 상석이 되었다.

따라서 식사를 할 때 상석은 가장 오른쪽(함께 앉은 사람의 기준으로 오른쪽)이 된다. 물론 손님은 출입구에서 가장 먼 곳에 앉게 된다.

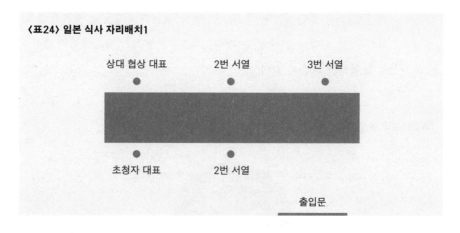

단, 협상대표가 가운데 앉게 되는 경우 협상대표를 기준으로 오른쪽에 두 번째 서열이, 초청한 측은 같은 서열끼리 마주 본다.

〈표25〉 일본 식사 자리배치2

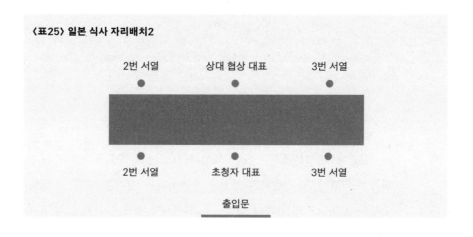

오른쪽에 대한 규칙은 택시에서도 적용된다. 운전사 뒤 첫 번째 좌석이 상석이 된다. 이는 함께 앉은 사람 기준으로 오른쪽이 상석이기 때문이다. 운전사 뒤는 사실 불편하기도 하고, 일본에는 운전석이 오른편이라 차에서 내릴 때 불편하기도 하지만 이 원칙이 지켜지고 있다. 물론 운전사가 지위가 높은 경우에는 운전사 옆자리가 1번 상석이 된다.

● 중국: 대화 에티켓

중국인과 협상을 할 때에는 본론으로 들어가는 것보다 가벼운 생활 이야기를 먼저 하고 시작하는 것이 바람직하다. 특히 상대에게 관심을 보이는 주제(상대의 취미, 음식 선호 등 민감하지 않는 주제)를 가지고 이야기를 시작하는 것은 상대와의 친밀도를 높이는 데 도움이 될 수 있다.

대화의 주제를 정할 때 종교 혹은 정치 문제를 주제로 삼는 것은 바람직하지 않다. 특히 정치 문제는 외국인들이 내정 간섭을 한다고 생각할 수 있기 때문에 더욱 민감할 수 있다. 중국은 일본과 서양 국가들로부터 침략을 당해 본 경험이 있으므로 이에 대한 민감함이 남아 있다. 특히 소수민족 독립문제, 대만과의 관계 문제, 공산당 정책 등의 주제에 대한 언급은 절대적으로 피해야 한다. 반대로 중국의 전통, 문화유산 등 중국을 높여 줄 수 있는 주제는 적극 추천된다.

대화를 할 때는 직접적으로 "no"라는 표현을 쓰는 것은 지양해야 한다. 이는 중국인들에게는 허용되지 않으며, 상대의 체면을 손상시키는 일로 여겨지고 있다. 따라서 '조금 고민이 필요하다.' 혹은 '상의하기 위해 시간이 필요하다.' 등의 우회적인 표현을 사용해야 한다.

● 일본: 대화 에티켓

일본에서도 첫 대면 시 바로 비즈니스 이야기보다 서로에게 친근감을 줄 수 있는 이야기부터 시작하는 것이 좋다. 물론 정치 문제 등 민감한 문제를 꺼내는 것은 바람직하지 않다.

일본은 대화 시 큰 소리를 낸다든지 상대를 제압하려는 태도를 보이는 것은 금물이다. 일본인들은 기본적으로 자신을 낮추어 상대를 대접하는 문화를 갖고 있다. 일본인의 이런 문화는 외국인으로 하여금 굉장히 송구하게 느끼게 한다. 예를 들어, 일본 다다미방의 미닫이문(후스마 혹은 쇼우지)을 열고 닫을 때, 한꺼번에 열지 않고 상대에게 실례가 되지 않도록 무릎을 꿇고 조금씩 연다, 또한 좌식 인사(자레이)를 할 때도 무릎을 꿇고 천천히 허리 숙여 인사를 한다. 외국인이 볼 때는 이는 마치 종이 상전을 만날 때 하는 행동과도 같다.

이런 문화는 모든 부분에서 나타나게 된다. 선물을 전달할 때, '쯔마라나이모노'(보잘것없는 것)란 뜻으로 낮추어 표현하기도 하며, '~를 할 수 있어서 기쁩니다.'라는 표현을 '~를 할 수 있게 해 주셔서 기쁩니다.'라는 표현으로 상대를 높여 이야기한다.

이는 반대로 이야기하면, 협상 시에도 상대에게 무례하거나 자신을 높이는 행동은 일본에서는 더욱 조심해야 한다는 것을 의미한다. 단순히 행동뿐만 아니라 자신의 의견을 피력할 때의 표현법도 마찬가지 일 것이다.

땅을 빼앗긴 한복과
협상정보 관리법

9

비밀유지 약정서

_____에 소재한 A기업주식회사(이하 "A")과_____에
소재한 B기업주식회사(이하 "B")는 _____년 _____월_____일 다음과
같이 비밀유지계약(이하 "본 계약")을 체결한다.

전문

A는 A가 보유한 협상정보(이하 "비밀정보"라고 함)를 B에 공개함에 있어, 비밀정보
의 보호를 위하여 B와 A은 아래와 같이 합의한다.

1 비밀정보라 함은 본 계약서에 의해 보호되는 기밀정보는 A가 B에게 공개되는 모든
정보를 의미하며, 해당 정보에는 문서상, 시각적 또는 구두상 직접 또는 간접적으
로 제공되는 정보, 제품이나 장비에 대한 그림 또는 열람되는 정보, 그 외에 '기밀사
항'이란 표시 여부에 상관없이 B가 A와 관련하여 획득한 정보(본 계약서 체결 이전
또는 체결 시점에 획득되었는지에 상관없이) 등이 해당된다. 구체적으로 이에 해당
하는 것으로는 정보, 기술적 데이터, 노하우, 프로세스 및 이와 유사한 정보와 데이
터로서 A의 과거, 현재 및 제안되었거나 잠재적인 조사결과, 발견물, 특허, 아이디
어, 방식(공식), 제조 데이터, 엔지니어링 데이터, 테스트 데이터, 재료, 비용, 기계

허용 오차, 상세설계, 상품, 소프트웨어, 서비스, 장비, 운영, 전략 및 관련된 기술, 산출물, 발명품, 절차(공정), 방법, 디자인, 청사진, 도면, 홍보, 사업계획, 고객, 업체, 우편물 발송 주소, 구매/판매 활동 및 절차, 판촉, 가격책정, 재무정보 및 기술 등을 제한 없이 포함한다.

2 상기 규정에도 불구하고 아래 각 경우에 해당하는 정보는 본 계약에 따른 비밀정보에 해당하지 아니한다.

　가. B 또는 그 대리인의 고의·과실에 의하지 않고 공중의 접근이 가능하게 된 경우.
　나. 제3자가 B에게 비밀유지를 전제로 하지 않고 공개한 경우. 다만 이 경우 그 제3자는 A 및 그를 대리하는 자 이외의 자를 말하며, 보호 당사자인 A와의 관계에서 계약상 또는 법률상 비밀정보의 공개가 금지되어 있지 않은 자에 한함.
　다. B 또는 그 대리인이 비밀정보를 참고하지 않고 독립적으로 새로이 만든 정보의 경우.

3 "본 계약"의 어느 조항도 A에게 비밀정보를 공개할 것을 강제하는 것으로 해석되지 아니하며, A가 B에게 제공한 비밀정보에 관한 권리는 A에게 있으며, A는 B에게 비밀정보의 소유권, 사용권 등 어떠한 권리도 부여하지 아니한다.

4 B는 모든 비밀정보를 엄격하게 비밀유지 해야 하며, A의 명시적 서면 승인 없이 비밀정보를 제3자에 공개할 수 없다. 아울러 B는 A의 서면 승인 없이 비밀정보를 임의로 복제 또는 복사하거나 B의 사업에 사용할 수 없다.

5 "본 계약"에 따라 제공된 모든 비밀정보는 A의 자산으로 남아 있게 되며, A의 요청

이 있을 시 B는 비밀정보 및 그러한 정보의 사본을 A가 지시하는 방법에 의해 A에게 즉시 반환 또는 폐기해야 한다.

6 B는 "본 계약"에 명시된 의무를 위반할 경우 이로 인하여 A에게 발생한 손해를 배상하기로 한다.

7 모든 비밀정보는 있는 그대로 제공된다. A는 비밀정보의 정확성 및 완성도에 대하여 명시적이거나 묵시적인 하자보증을 하지 않는다.

8 "본 계약"은 본 계약서에 서명 또는 기명 날인한 날로부터 3년간 유효하며, "본 계약"은 양 당사자의 서면합의를 통해서만 변경될 수 있다.

9 양 당사자는 상대방의 사전 서면동의 없이 "본 계약"의 권리 및 의무의 전부 또는 일부나 계약상의 지위를 제3자에게 양도하거나 담보로 제공할 수 없다. "본 계약"은 양 당사자의 양수인 또는 승계인에게도 구속력을 가진다.

10 "본 계약"은 대한민국 법률에 따라 해석되고 집행된다. "본 계약"과 관련하여 분쟁이나 이견이 발생할 경우, 양 당사자는 상호 협의하여 이를 해결하는 것으로 하되, 협의에 의한 해결이 불가능할 경우 서울중앙지방법원을 제1심 관할법원으로 하여 해결하기로 한다.

"본 계약"의 체결을 증명하기 위하여 본 계약서 2부를 작성하여 각 당사자의 권한 있는 자가 서명 또는 기명 날인한 후, 각 당사자가 1부씩 보관하기로 한다.

A기업 주식회사

주소 _____

대표자 _____

B 기업 주식회사

주소 _____

대표자 _____

중국 고전18 땅을 빼앗긴 한복

원소와 한복은 동탁을 함께 토벌하는 등의 동맹관계를 맺고 있었다. 원소는 동탁 토벌이 실패하자 그의 군사를 데리고 한복의 기주 땅에 은신하게 된다. 기주 땅에서 기거하며 군사를 위한 보급도 의존하게 되었다.

미래가 불투명하던 원소에게 어느 날 문객 봉기가 찾아와 조언을 하게 된다. 요동의 공손찬을 자극해 기주를 치게 하고, 한복이 당황해하면 원소 자신이 기주 땅을 방어할 테니 기주 땅에 대한 권한을 넘겨 달라고 종용하는 계책이었다.

이를 좋게 여긴 원소는 봉기의 계책을 실행에 옮긴다. 우선 원소는 한복의 심복인 신평, 순심, 곽도 등을 자신의 사람으로 만든다. 그리고 공손찬에게 서신을 보낸다. 만일 공손찬이 기주를 치면 자신이 기주 내부에서 이를 돕겠다고 한 것이다. 공손찬도 원소의 의견을 좋은 기회라 여기고 기주를 공격하게 되는데, 한복의 군대는 공손찬의 군대와 교전에서 크게 밀려 열세에 놓이게 되었다.

이 시기를 놓치지 않고 원소는 자신의 생질 고간, 한복의 심복이던 신평, 순심, 곽도 등을 동원하여 한복을 설득시키는 작업을 한다. 한복을 만나 이 위기를 극복하기 위해 원소를 활용하자고 제안하도록 한 것이다. 즉 이대로 전쟁이 진행되면 공손찬이 기주를 장악하게 되니, 리더십이 상대적으로 뛰어난 원소에게 기주를 넘겨주어 공손찬 군대로부터 땅을 지키게 하고 친구인 원소로부터 보상을 받자고 설득한다. 고심하던 한복은 소심한 성격이라 그들의 의견을 따르게 된다.

사실 기주는 군사가 100만에 10년간 곡물이 보관된 지역이었다. 빈궁한 손님이었던 원소가 기주 땅의 주인이 되는 순간이었다. 한복의 소심한 결정에 그 휘하 장군들은 그를 버리게 되고, 그는 원소로부터 분위장군이라는 허울뿐인 관직을 얻게 된다. 결국 주인에서 손님으로 뒤바뀐 한복은 불안함에 결국 기주를 떠나게 된다.

고전 사례에서 한복의 경우와 같이 비즈니스 환경에서도 손님이 주인으로 뒤바뀌는 경우가 있다. 예를 들면, 자신의 지적 노하우를 상대가 허락 없이 사용하는 경우가 대표적이다.

비즈니스 협상을 전개하다 보면, 필연적으로 거쳐야 하는 과정이 협상 당사자 간에 정보를 교환하는 것이다. 협상 전개 시 가장 먼저 해야 할 일은 자신의 정보를 보호해야 한다. 특히 협상 정보가 기술 노하우 혹은 비즈니스 노하우에 관련된 중요 정보, 즉 비밀 정보에 해당하는 경우에는 더욱 주의를 기울여야 한다. 예를 들면, 상대방이 실수로 정보를 외부에 유출하거나, (정보 제공자의 허가 없이) 고의로 협상 목적이 아닌 자신의 유익을 위해 오용하는 경우도 있다. 따라서 협상 이전에 비밀 정보를 어떻게 보호해야 할지 고민해 보아야 한다. 예를 들면, 다음 사례가 그 중요성을 인지시켜 준다.

야마모토는 미국에서 공학을 전공하고, 수년간의 노력으로 포털 사이트 광고 시스템을 개발하였다. 야마모토는 이 기술을 소개하기 위해 대형 포털 사이트를 방문하게 된다. 야마모토는 포털 사이트와 비즈니스 거래가 성사되도록, 포털 사이트 관계자들 앞에서 열심히 자신이 개발한 시스템을 소개하였다.

프레젠테이션을 마친 후, 야마모토의 기대와는 달리 포털 사이트 관계자들은 소개된 시스템이 그렇게 매력적이지 않아 자신들과의 비즈니스는 어려울 것 같다고 하며 미팅을 마무리하였다. 실망감을 가지고 집으로 돌아온 야마모토는 얼마 후 무척 놀라게 되었다. 포털 사이트를 검색하다, 자신이 개발한 시스템을 이용하여 포털 사이트가 광고를 시작하였음을 발견한 것이다.

이를 알고 포털 사이트를 방문하여 항의하였지만, 포털 사이트 관계자들은 자신들도 비슷한 시스템을 이미 개발하였다고 할 뿐, 야마모토의 프레젠테이션에서 어떠한 아이디어 얻거나 이를 도용했다거나 하는 일은 없었다고 하였다.

이에 따라, 야마모토는 소송을 준비하였지만 상대를 공격할 만한 증거가 부족하여 결국 소송을 포기하고 만다.

노하우 12

비밀유지 약정서를 준비하라!

협상 중에는 상대방에게 비밀 정보를 최대한 누출시키지 않거나 늦게 관련 정보를 상대방에게 제공하는 것이 유리하다. 정확히 이야기하면 협상의 내용이 문서화되기 전까지는 중요하고 민감한 기밀은 전달하지 않는 것을 원칙으로 해야 한다.

그러나 어쩔 수 없이 중요 정보를 교환하게 될 경우에는 비밀유지 약정서에 서로간에 서명을 해야 한다. 비밀유지 약정서는 영어로는 'Non-disclosure Agreement'(약칭 NDA) 또는 'Confidentiality Agreement' 라고 부른다. 비밀유지 약정서는 당사자들이 일정한 목적으로 정보를 공유하기를 바라지만, 그 정보 사용은 협상 목적에 제한되도록 하는 법적 계약이다.

'비밀 정보'라 함은 당사자가 협상과 관련하여 제공받거나 인지하게 된 일체의 정보(구두, 문서, 컴퓨터 파일, 팩스 등 형식 및 방법을 불문한 모든 정보)를 의미한다. 비밀 정보의 범위는 당사자 간에 협의하여 결정할 수 있으나, 기본적으로 다음의 내용을 포함하게 된다.

지식재산권 관련 정보 출판물, 음반, 그림, 특허, 상표, 기술개발 아이디어, 테스트 데이터, 재료, 소프트웨어, 기술 서비스, 장비, 운영, 디자인, 청사진, 도면 등

비즈니스 관련 정보 시장조사 결과, 비용, 상품 기획, 비즈니스 노하우, 사업계획, 고객 리스트, 협력업체 리스트, 우편물 발송 주소, 구매/판매 활동 및 절차, 판촉, 가격책정, 비즈니스 아이디어 등

'지식재산권 관련 정보'는 당연히 해당 기관에 등록을 하여 법적 보호를 받는 것이 바람직하다. 특허 및 상표의 경우 자국에서 등록하였다고 하더라도, 해외(중국과 일본 포함)에서 별도로 등록해야 한다는 것을 명심해야 한다.

'비즈니스 관련 정보'에 대해서는 많은 경우 비밀 정보라 생각하지 않고, 상대에게 별 생각 없이 제공하는 경우가 많다. 그러나 이러한 정보는 정부기관에 법적 등록을 하지 못할 뿐이지 기업의 중요한 자산이다. 따라서, 관련 정보를 다루는 데 좀 더 세심한 접근이 필요하다.

비밀 유지 약정에는 다음의 내용이 삽입되어야 한다. 즉 협상단계에서 얻어진 모든 정보에 대해 다음의 조항을 준수해야 함이 삽입되어야 한다.

제3자와 정보를 공유하지 않는다. 특히 경쟁적 관계에 있는 제3자의 경우에는 더더욱 그러하다.
정보를 누출할 때는 반드시 상대방의 동의를 구한 후에 가능하다.
정보를 고의, 또는 중요한 과실로 누출시켰을 시 그에 합당한 손해배상 방법을 결정한다.
정보는 오로지 협상의 목적을 달성하기 위해서만 사용한다.
정보는 협상의 목적을 저해하는, 일방의 이익을 위해 사용하지 않는다.

보통의 경우, 이러한 비밀 유지 약정을 맺고 협상을 시작한다. 협상 중 서로에게 오고 간 정보에 대해서는 비밀을 유지하기로 약정하고 이를 위반할 시 상호 불이익을 주도록 약정할 수 있다.

노하우 13
이메일의 비밀정보도 보호하라!

협상을 하다 보면, 이메일을 주고 받으면서 비밀정보를 이메일에 포함하거나 첨부로 보내게 되는 경우가 있다. 이때에도 그 내용에 대해 비밀정보라는 문구를 삽입하고, 해당 당사자만 첨부를 열 수 있는 비밀번호를 제공하는 등의 노하우가 필요하다.
또한 이메일 하단에 정보보호를 위한 구문을 아래와 같이 포함시키는 것이 바람직하다.

이 메일(첨부사항 포함)에는 소유권 있는 정보 그리고/또는 비밀정보가 포함되어 있을 수 있습니다. 당사의 서면승인 없이 이 이메일 내용을 복사, 개시, 혹은 배포하는 것은 엄격히 금지됩니다. 혹시 이메일이 잘못 전달되었다면 즉시 송신인에게 연락바라며, 귀하의 시스템에서 삭제해 주시기를 바랍니다.

Since this e-mail (including any attachments) may contain confidential and/or privileged information. Copying, disclosure or distribution of the material in this e-mail is strictly forbidden without the sender's written consent. If you are not intended recipient, please notify the sender immediately and delete it from your system.

한 가지 기억할 것은 상대가 이메일에서 비밀정보 보호를 약속했다고 하더라도, 이것만으로 안심해서는 안 된다. 이메일의 약속은 하나의 정황 증거로만 취급 받아 (상황에 따라 혹은 준거법에 따라) 법적으로 온전하게 보호받지 못할 수도 있다. 따라서 가장 안전한 방법은 상대에게 별도의 비밀유지 약정서에 서명하도록 요구하는 것이다.

노하우 14

우리 직원에게도 정보보호에 대한 서명을 받으라!

정보보호에 대한 약속을 받아야 할 대상은 상대 협상가만 해당되는 것은 아니다. 사실 우리 측 협상가도 포함된다. 이를 위해 협상을 위해서 비밀정보를 취급하는 우리 직원들에게 개인정보보호서약서(Personal Information Protection)에 서명하도록 요구해야 한다.

개인정보보호서약서의 기본 목적은 우리 직원이 회사의 비밀정보를 (회사의 허락 없이) 자신을 위해 활용하거나 외부에 배포하지 못하도록 하는 데 있다.

사실 개인정보보호서약서는 교육적인 목적도 갖는다. 즉 개인정보보호서약서의 내용을 읽고, 직원들이 그 서약서가 요구하는 대로 준수하게 만드는 교육적인 기능이다. 예를 들면 아래와 같은 문구다.

회사로부터 제공받은 개인정보를 제공 당시의 계약상의 목적에 한하여 이용하며, 개인정보 취급업무 수행 시 회사 전사 개인정보관리규정과 세부 운영기준에서 정한 전반적인 내용을 준수.

컴퓨터를 이용하여 개인정보를 처리하는 경우에는 개인정보에 대한 접근권한을 철저히 관리하고 해당 비밀번호를 정기적으로 갱신토록 하겠으며, 정보주체에 대한 서비스를 제공키 위해 당사가 제공한 사용자 아이디와 비밀번호를 철저히 관리 요.

개인정보의 수집목적 또는 제공받은 목적을 달성하였을 때에는 당해 개인정보를 지체 없이 파기.

본인은 개인정보를 파기하는 때에는 다음 각호의 방법에 의하도록 하겠음.

(1) 종이에 출력된 고객정보: 분쇄기로 분쇄하거나 소각

(2) 전자적 파일 형태로 저장된 고객정보: 기록을 재생할 수 없게 하는 기술적 방법을 사용하여 삭제

퇴사 시, 회사의 계약으로 인하거나 제공받은 개인정보의 업무 처리 및 근무 재직하는 동안 취득하거나 직무상 알게 된 개인정보를 반환.

노하우 15

상대방이 말한 것을 협상 회의록에 기록하라!

협상 회의록

회의록 참석자:

회의장소:

회의시간:

A기업 협상 시 진술 내용

① _____

② _____

③ _____

B기업 협상 시 진술 내용

① _____

② _____

③ _____

손해배상

협상 과정에서, 협상자의 진술이 거짓이거나 핵심적인 부분에서 사실과 다를 경우,
그 해당 당사자는 그로 인한 민사적 그리고 형사적 책임을 진다.

첨부서류

협상 시 진술한 내용에 대해 다음과 같이 증빙서류를 첨부한다.

① _____

② _____

③ _____

이를 증명하기 위하여, 본 회의록은 _____년 _____월 _____일에 양 당사자에 의해 서명되었다.

A기업　　　　　　　　**B기업**

이름:　　　　　　　　　　이름:

직위:　　　　　　　　　　직위:

중국 고전19 주유에게 속은 조조

조조의 군대는 기마전에는 능했지만 수전(水戰)에는 약했다. 조조는 항상 이를 약점으로 알고 고심하던 중, 수전에 능한 채모와 장윤이 조조에게 투항하여, 조조는 그들에게 군대를 훈련하도록 부탁하였다.

오나라의 주유는 조조의 군대가 수전의 능력까지 갖는 것을 몹시 걱정하고 있었다. 그때 마침 조조 휘하의 장간이 그를 찾아왔다. 장간과 주유는 동문수학한 사이로서, 장간은 주유에게 항복을 권유하기 위해 찾아온 것이었다. 주유는 이때의 기회를 살리기로 하고 계책을 마련한다. 즉 주유와 장간이 술을 마시게 되고, 주유는 술에 취해 자는 척하였다. 그런데 주유 탁자 위에 채모와 장윤이 보낸 편지를 놓아 두는 계책을 세운 것이다. 물론 편지는 채모와 장간이 주유에게 군사기밀을 제공하는 내용으로, 주유가 허위로 작성한 것이었다.

이를 모르는 장간은 그 편지를 빼내어 조조에게 보여 준다. 조조는 크게 노하여, 채모와 장윤이 오나라에 정보제공을 한 것으로 오인하여 죽이게 된다. 허위정보에 속아서

귀한 장수들을 죽인 것이다. 이로 인해 조조의 군대는 이후 수전에 약점을 보이며 크게 패하게 된다.

협상을 하다 보면, 협상자들은 많은 말을 주고받게 된다. 특별히 상대와의 비즈니스를 성사시켜야 하는 이슈가 있다면, 없는 말도 만들어내고 조그만 사실을 부풀려 과장되게 설명하는 경우도 있게 마련이다. 만약 협상자가 상대가 이야기한 것에 대한 사실관계를 확인하지 않고 비즈니스를 진행시킬 경우, 다양한 피해를 보게 되는 것을 쉽게 목격할 수 있다.

조조의 경우에도 장간이 가져온 편지의 진위를 확인하지 않아, 채모와 장윤을 죽임으로써 전투에서 패하는 엄청난 실수를 범하는 것을 볼 수 있다. 이러한 실수는 중일과의 비즈니스 상황에서도 종종 발견된다.

이때 상대가 전달한 내용이 사실인지 혹은 과장되지 않았는지를 확인하기 위해 '협상자들이 협상장에서 진술한 내용을 기록'하고, 이에 대한 증빙을 첨부하게 하는 것이 가장 중요하다. 이는 '진술과 보증 형식의 회의록'으로, 협상 시 상대가 구두로 이야기하는 정보에 대한 진위를 파악하게 하는 좋은 노하우다.

예를 들어, 상대가 베이징에 공장을 가지고 있다고 이야기했으면, 그 내용을 회의록에 적게 하고, 첨부로 공장등기부등본을 첨부하게 하는 방식이다.

협상 사례5 수주협상에서 속은 KSG공단

한국의 금은건설은 공장, 창고, 플랜트 건설에 강점이 있는 회사다. 최근에는 한국 내에서 수주경쟁이 치열하여 해외로 눈을 돌리고 있는 중이다. 특히 가까운 중국, 일본, 베트남 등이 주요 영업대상 국가다.

금은건설은 최근 중국 동북삼성에 위치한 KSG공단이 공단 증축을 계획하고 있다는 소문을 듣고 이에 대한 영업에 착수하였다. 금은건설은 영업정보를 얻기 위해 KSG공단 계약담당자와 접촉하던 중, KSG공단으로부터 왕 선생이라는 사람을 소개받게 된다.

왕 선생이 자신을 소개하기를 KSG공단 이사장의 동생이라고 하였다. 또한 자신은 공산당에서 중직을 맡고 있는 상황이어서, KSG공단을 실질적으로 움직일 수 있는 사람이라고 하였다. 왕 선생은 중국에서 영업을 하기 위해서는 '관시'가 중요한데, 자신을 통해서 그러한 '관시'를 만들 수 있다고 강조하였다.

특히 KSG공단이 이번에 증축 계획을 가지고 있는데, 건설사 선정을 입찰방식이 아닌 수의계약방식으로 바꾸어 금은건설이 수주할 수 있도록 돕겠다고 하였다. 단 문제는 금은건설이 동북삼성에서 실적이 없는 것이 문제라고 하였다. KSG공단 내부에는 숨은 원칙이 하나 있는데, 동북삼성에서 건설 경험이 없는 업체와는 계약을 할 수 없다는 것이었다.

금은건설이 그 문제를 어떻게 해결하면 좋으냐 물으니, 왕 선생은 자신의 친구가 조그만 건설회사를 운영하고 있고, 동북삼성에서 건설 실적이 있으니 그 회사를 인수하라고 했다. 인수 금액으로 5억 원을 제시하였다. 고민하던 금은건설은 중국 진출을 위해 투자한다는 마음으로 5억 원에 건설회사를 인수한다.

얼마 후 금은건설은 왕 선생을 만나 KSG공단의 발주 문제가 어떻게 되고 있는지 문의하였다. 왕 선생은 또 다른 문제를 이야기하기 시작했다. 금은건설이 인수한 회사가 필요한 전기공사 면허를 보유하고 있지 않아 문제가 되니 이번에는 전기공사 면허를 사야할 것 같다고 했다. 그러면서 이번에도 자신이 인수 가능한 전기공사 면허를 추천해 주겠다고 하였다. 여기에서 포기할 수 없었던 금은건설은 그 면허를 사들이게 된다.

이제 모든 조건을 갖추었다고 판단한 금은건설은 다시 왕 선생을 만났다. 그랬더니 왕 선생이 다시 인수한 건설회사에 필요인력이 없어서 문제가 된다고 하였다. 우수한 인력을 스카우트하기 위해 추가로 자금이 필요하다고 하였다.

그제야 금은건설은 무엇인가 문제가 있다는 것을 느끼고, 왕 선생에 대해 조사하기 시작하였다. 알고 보니 왕 선생은 KSG공단 이사장과 친분이 있는 것은 맞지만 이사장의 동생이 아니며, KSG공단은 수의계약이 원칙적으로 차단되어 있음을 알게 된다. 즉 왕 선생의 말의 진위를 확인하지 않고 거액을 투자하여 빈 껍데기의 회사와 면허만 인수하게 된 것이었다.

협상 리서치

형주전투의 교훈과 상대정보 수집법

10

매뉴얼6 | 상대 기업정보 리서치

회사명		본사 주소			
대표이사		연락처			
회사형태	주식회사, 유한회사, 합자회사, 합명회사, 개인사업자, 비영리법인, 기타 ( )	주주	1. 이름 _____ 지분 _____% 2. 이름 _____ 지분 _____% 3. 이름 _____ 지분 _____%		
자사현황		관계사			
회사연도	창립년도 : _____		역사개관 : _____		
직원수					
자산총액	5년 전	4년 전	3년 전	2년 전	1년 전
매출액	5년 전	4년 전	3년 전	2년 전	1년 전
수익액 영업/순 (−손실액)	5년 전	4년 전	3년 전	2년 전	1년 전
지식재산권		종류	등록	출원	비고
	특허권 상표권 제작권				
경영철학 (종교 등)					
경영전략					
최근 협상이력					

협상자는 정확한 정보를 최대한 많이 수집할수록 좋은 협상성과를 이끌어 낼 수 있다. 그러나 만약 협상 과정에서 정보 수집이 안 되었거나, 수집된 정보에 오류가 있었다면 어떨까? 분명히 자신이 예측하지 못한 큰 실수가 나오게 될 것이다. 되풀이하지만, 정보 수집은 협상의 성과와 직접적으로 연결되어 있다. 성실하고 올바른 정보 수집을 통해 협상자는 자신의 협상 목적에 대해 이해하고, 협상 포지션을 설정하며, 협상전략 구상이 가능하기 때문이다.

노하우 16

'상대 기업정보'와 '상대 협상정보'를 구분하라!

일반적으로, 협상 과정에서 상대방에 대해 수집해야 할 정보는 크게 '상대 기업정보'와 '상대 협상정보'로 구분될 수 있다. '상대 기업정보'는 상대 기업 자체에 대한 리서치이고, '상대 협상정보'는 상대방이 본 협상에서 갖는 숨은 의도 등을 조사하는 것이다. 이를 정리하면 다음과 같다.

상대 기업정보 회사의 형태, 역사, 규모 및 자산, 신뢰성, 직원구성, 비즈니스 내용
상대 협상정보 협상목적, 협상팀 구성, 결정구조, 협상전략, 협상대안, 장점, 약점

상대방과의 비즈니스 관계가 처음이거나 그리 오래되지 않았을 경우에는, '상대기업 정보'롤 우선적으로 수집해야 할 것이다. 반대로 상대와 지속적인 비즈니스를 가져오던 경우에는 '상대기업 정보'보다는 '상대협

상 정보'가 더 중요할 것이다.

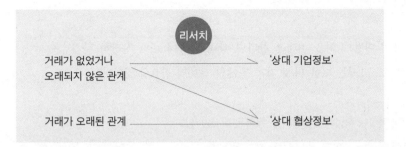

리서치

거래가 없었거나 ──────────────→ '상대 기업정보'
오래되지 않은 관계

거래가 오래된 관계 ──────────────→ '상대 협상정보'

협상 사례6 협상 리서치에 소홀했던 강원도청

2015년 8월 4일 MBN뉴스는 강원도청의 실수를 지적하였다. 뉴스에 따르면, 강원도청이 농촌의 비닐하우스 사업을 지원하기 위해, 민간업체가 개발한 발열선 기술 사업에 수차례의 협상을 통해 행정·재정적 지원을 하는 MOU를 체결하였다. 문제는 해당 민간업체가 세계 최초로 개발했다던 신기술 발열선은 원래 다른 사람이 개발한 기술이었다. 또한 그 민간업체 대표의 명문대 전기공학 박사학위 역시 거짓이었고, 해외에 있다던 발열선 생산공장도 확인 결과 국내에 있는 창고형 공장이었다. 문제는 강원도청이 이에 대한 내용도 전혀 알지 못했고, 방송이 되고 나서야 확인하겠다는 입장을 밝혔다.

강원도청의 실수에 대해 많은 사람들은 의아해할 것이다. 어떻게 공공기관에서 저런 실수를 했을까? 협상을 진행했던 공무원들은 분명 어려운 공무원 시험을 통과한 똑똑한 사람들인데, 어떻게 감쪽같이 속을 수 있지? 그러나 안타깝게도 이러한 일은 정부뿐만 아니라 기업 혹은 우리 주변의 이웃들에게도 수없이 발생하는 일이다. 이렇듯 상대방과 거래가 처음인 경우에는 반드시 상대 기업에 대한 정보를 정확히 수집하는 과정이 중요하다.

중일 기업 리서치 방법을 습득하라!

만약 상대방과 처음 거래를 한다면 상대 회사에 대해 정확히 알기 원할 것이고, 크게는 다음 다섯 가지 분야의 정보가 필요할 것이다.

첫째, 상대 회사는 적법하게 설립되고, 등록된 회사인가?

둘째, 상대 회사는 어떤 역사와 명성을 갖고 있는가?

셋째, 상대 회사는 어떤 사람들이 소유하고 있고, 누가 일하고 있는가?

넷째, 상대 회사의 재정상태와 규모, 최근 실적은 어떻게 되는가?

다섯째, 상대 회사는 어떤 비즈니스를 하고 있고, 관련 역량을 보유하고 있는가?

이를 정리한 매뉴얼을 각 기업이 갖고 있어야만, 실무 협상자들이 실수 없이 모든 내용을 확인할 수 있을 것이다. 즉, [매뉴얼6]이 필요하다.

[매뉴얼6]을 성실히 작성하기 위해서는, 상대 회사에 대해 어떻게 리서치하는지를 알아야 한다. 상대 회사에 대한 리서치는 크게, 기본리서치와 실사로 나뉘게 된다. 기본 리서치는 상대를 대면하거나 방문하지 않고 인터넷과 공개 자료를 통해 정보를 수집하는 단계이고, 실사 단계는 상대방 현장(회사, 공장)을 직접 방문하거나 상대와 대면하여, 기본 리서치를 통해 수집하지 못한 정보를 상대방으로부터 직접 정보를 수집하는 단계다.

기본 리서치로 공개 정보를 수집할 때, [매뉴얼7]과 같은 공공기관 혹은 정부기관의 홈페이지를 알고 있으면, 손쉽게 상대 기업에 대해 리서치할 수 있다.

〈표25〉 기본 리서치 vs. 실사

리서치 방법	상대방 대면	정보수집 목표	비용	정보수집 방법
기본 리서치	대면 안 함	공개 정보 리서치	무료	상대 홈페이지, 기업 홍보자료 등 공공기관 홈페이지 공개정보 수집 정부기관 공개문서 발급 (예, 사업자 등록증, 등기부등본)
실사	대면함	비공개 정보 리서치	비용 발생	전문기관을 통해 의뢰 상대방에게 직접 정보 요청 상대방 현장을 방문하여 직접 조사

매뉴얼7 | 중일 기업 리서치

1 중국 기업 리서치(베이징 기준)

리서치 내용	기관명	홈페이지	비고
기업정보 (재무정보 포함)	상하이증권거래소	www.sse.com.cn	상장사 리서치
	선전증권거래소	www.szse.cn	상장사 리서치
	NEEQ	www.neeq.com.cn	비상장사 리서치
	CNINFO	www.cninfo.com.cn	기업리서치
등기정보	베이징공상행정관리소	qyxy.baic.gov.cn	
	NACAO	www.nacao.org.cn	고유번호증
	BACAO	www.bjdm.org.cn	고유번호증
	NECIPS	www.gsxt.gov.cn	사업자등록증
지적재산권 정보	SIPO	www.cpquery.gov.cn	특허정보 등
	SAIC	Sbj.saic.gov.cn	
	특허정보넷 키프리스	http://abpat.kipris.or.kr/abpat/search Logina.do?next=MainSearch	
기업리스트	옐로우페이지	www.chinabig.com	지역별, 업종별 기업검색
	대외무역경제합작부	www.moftec.gov.cn	중국기업, 상품

2 일본 기업 리서치

리서치 내용	기관명	홈페이지	비고
기업정보	도쿄증권거래소	www.jpx.co.jp/	상장사 리서치
	다이와증권	www.dir.co.jp	
	EDINET	http://disclosure.edinet-fsa.go.jp	일반기업 리서치
	경단련	www.keidanren.or.jp	
	제트로	www.jetro.or.jp	
등기정보	등기정보제공서비스	www1.touki.or.jp	기업등기 리서치
재무정보	국회도서관	https://rnavi.ndl.go.jp/research_guide/entry/post-207.php	재무제표 리서치
	Japanese Company Record	www.japancompanyrecord.com	상장기업 재무정보

지적재산권정보	특허전자도서관	www.ipdl.inpit.go.jp/homepg.ipdl	특허정보 등
	특허정보넷 키프리스	http://abpat.kipris.or.kr/abpat/	
		searchLogina.do?next=MainSearch	

3 중일 기업 리서치 모두 가능

리서치 내용	기관명	홈페이지	비고
기업정보	콤파스	www.kompass.com	전 세계 기업정보
	컴파인드	comfind.com	인터넷 홈페이지 보유업체
	아시아 비즈니스 커넥션	www.asiabiz.com	아태지역 홈페이지 보유업체

노하우 18

중일에는 먼저 기업정보를 제공하는 것이 유리하다!

만약 처음 만난 상대에 대한 정보가 많지 않고 협상을 하게 될 경우, 국가별 반응은 어떨까? 즉 상대를 모르기에 리스크를 가지고 협상에 임하는 경우다.

연구에 따르면, 북미와 유럽의 국가들은 비즈니스를 할 때 리스크에 대해 좀 더 포용적으로 반응하는 편이다. 이는 리스크가 주는 장점(예를 들면 리스크가 클수록 이윤도 많아질 수 있다는 원리)을 보기도 하고, 리스크가 있더라도 자신들이 잘 관리하면 된다는 생각을 갖고 있기 때문이다.

반면 한중일은 모두 비즈니스 리스크에 대해 상대적으로 포용하지 않으려는 보수적인 반응을 보인다. 특히 중국이 가장 심한 편이다. 따라서 한중일과 협상할 때는 자기 회사에 대한 정보를 충분히 주고, 협상 시 회사의 역사, 규모, 실적 등을 다양하게 자랑하는 편이 좋을 것이다.

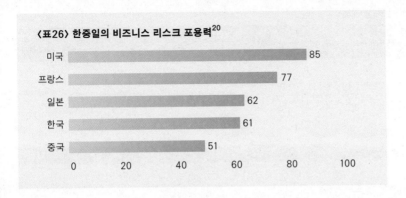

〈표26〉 한중일의 비즈니스 리스크 포용력[20]

국가	수치
미국	85
프랑스	77
일본	62
한국	61
중국	51

노하우 19

상대의 숨은 협상정보를 수집하라!

매뉴얼8 | 상대 협상정보 리서치

1 상대방 협상가

협상팀	이름	직함/임기	성별	협상경험	국적/출신지	경력/출신학교	취미/특기
Leader							
Member 1							
Member 2							

2 결정 프로세스

협상팀 스스로 결정권한 보유함	내부 재가통한 최종결정	숨은 결정권자 존재	기타 특별한 방식 (예, 부서들간 합의)

3 결정 요인

결정요인	회사 니즈	관계훼손, 회사정책, 이익그룹 압박 ( )
	개인 니즈	협상실패 부담, 인사고과, 업무일정 ( )
	개인 특성	지역문화, 종교, 신념 ( )

---

20 Trompenaars Hampden-Turner, THT Blog,
    http://mayfishes17.rssing.com/browser.php?indx=9654255&item=49

4 상대방 협상목표 예측

협상안건	우선순위	ZOPA (합의가능영역)		BATNA
		최소점	최대점	
	1			
	2			
	3			

5 상대방 강점과 약점

내용	상대방 강점	상대방 약점
권한제한		
내부반대		
시간제약		
협상에 대한 잘못된 관점		
협상경험부족		

상대 협상 정보는 상대의 숨은 의도를 파악하기 위함이다. 상대 협상 정보는 다섯 가지로 요약될 수 있으며, 각 정보의 필요성은 다음과 같다.

첫째, 상대방 협상가 상대의 회사 내 위치 등을 파악하고, 그들과의 관계를 발전시키며, 보다 좋은 커뮤니케이션 방법을 찾기 위함.

둘째, 의사 결정 프로세스 상대방의 권한과 결정 프로세스를 파악함으로써 언제 우리의 협상카드를 보일지 결정하기 위함.

셋째, 결정요인 상대방의 결정에 영향을 미치는 제약사항, 개인 니즈, 개인 관심사항 등을 파악하여 협상 시 활용하기 위함.

넷째, 상대방 협상목표 예측 상대방의 협상안건, 우선순위, ZOPA, BATNA 등을 미리 예측함으로써 협상을 우리 팀 주도로 이끌기 위함.

다섯 째, 상대방 강점과 약점 권한제한, 내부적 갈등, 시간제약 등 상대의 강점과 약점을 파악하여, 협상에서 상대의 강점과 약점을 활용한 전략을 마련하기 위함.

상대 협상가에 대해 리서치하는 것은 관계를 중시하는 중국과 일본을 접근하는 데에는 필수적인 과정이다. 예를 들어, 상대방의 의사결정 프로세스는 왜 중요할까? 중국인 협상가들은 협상할 때 자신의 이익을 위해 상대방에게 집요하게 요구한다. 반대로 상대가 까다로운 요구를 해 올 경우에는 자신은 대리인에 불과하며, 상부에 보고하고 추후 결과를 알려 주겠다고 말하는 경우가 많다. 이를 '간접각색' 협상전략이라고 하는데, 이를 방지하기 위해서라도 미리 상대방의 결정권한을 확인해야 하고, 함부로 우리 협상카드를 미리 보이지 말아야 한다.

일본의 경우에는 개인 플레이보다는 팀 플레이를 중요하게 여기며, 자신들 내부의 협조성과 대화를 강조한다. 즉 협상 내용에 대한 결정을 모든 협상팀원들이 참여하는 경우가 많아, 각 일본 협상가들을 모두 세심하게 리서치하고, 신중하게 접근해야 한다. 특히 일본 협상가들 중 한 명을 집중적으로 혹은 과도하게 칭찬하는 것은 조심해야 한다. 칭찬을 받은 사람이나 그렇지 못한 이들이 모두 자신들의 팀워크 훼손에 대한 염려로 이를 불쾌히 여길 수도 있기 때문이다.

결정 요인을 파악하는 것도 또한 중요한데, [협상 사례7]의 경우는 일본 기업의 결정 요인을 잘 파악하여 판매협상을 성공시킨 사례다. 즉 결정요인 중에 '상대회사의 정책'을 잘 파악하여, 그 정책이 만족될 수 있도록 노력하여 협상을 성공에 이르도록 한 좋은 예다.

협상 사례7 상대의 결정요인을 파악한 소명보안 협상

'소명보안'은 공항, 항만, 역사 등에 보안시설을 종합적으로 설계하고 시공하는 회사다. 해외에서도 다양한 실적을 가지고 있으며, 얼마 전부터 일본의 한 기차역사와 '보안시설 설계 및 시공'을 위한 협상을 시작하게 되었다.

일본의 '표준 보안시설 도면'을 입수해 견적상담을 진행하게 되었으며, 일본을 수차례 방문하여 가격절충도 마무리 단계에 이르게 되었다. 기본적으로 일본 기업보다 경쟁력 있는 단가를 제시하여, 수주가 거의 확실한 것으로 생각되었다. 그러던 중 기차역사 담당자로부터 협상을 마무리하기가 어렵게 되었다는 소식을 듣게 되었다.

소명보안이 급히 상황 파악을 해 보니, 필리핀 업체가 소명보안보다 약 15퍼센트 싼 견적을 제출하게 되어, 필리핀 업체에 계약을 체결할 예정이란 것을 알게 되었다.

그러나 소명보안은 이에 실망하지 않고, 필리핀 기업이 제공하는 제품들이 기차역사의 눈높이를 맞출 수 있는지 확인하였다. 그 결과 필리핀 제품의 일부가 ISO 인증체제의 기준을 따르지 않고, 접합부분 등에서 몇 가지 기술적 오류가 있다는 것을 발견하게 된다. 그리고 일본의 다른 기차역사들도 ISO 기준을 따라 보안시설을 설계했다는 것을 강조하였다.

결국 기차역사 담당자는 필리핀 업체에 대한 기술적인 부담감으로 인해, 소명보안과 최종적으로 계약을 하게 된다. 일본 기업들은 대부분 상당히 꼼꼼하고, 원칙에 충실하다. 무엇보다 '비즈니스 리스크 포용력'이 약한 편이다. 소명보안은 일본 기업의 결정원인(디테일이 강하고, 원칙적이며, 리스크 축소지향형)을 잘 파악하여, 경쟁사의 약점을 설명하면서 자신들의 강점을 잘 보여 주는 전략을 사용한 것이다.

문화전문가인 호프스테드의 연구에 따르면, 일본은 문화적으로 불확실성을 극히 회피하는 것으로 나타났다. 즉 불확실성 회피지수(Uncertainty Avoidance)가 일본(92)은 독일(65), 미국(46), 중국(30)보다 월등히 높다는 것을 알 수 있다. 이러한 문화적 특징이 일본 기차역사 정책에 반영되었고, 소명보안은 이를 협상에 적극적으로 활용하여 협상을 성공적으로 마무리할 수 있었던 것이다.

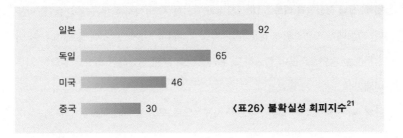

〈표26〉 불확실성 회피지수[21]

일본	92
독일	65
미국	46
중국	30

노하우 20

'상대 협상정보' 획득 방법을 숙지하라!

그렇다면 이토록 중요한 '상대 협상정보'는 어떻게 파악할 수 있을까? 대표적으로, 다음 다섯 가지 방법을 통해 리서치할 수 있을 것이다.

첫째, 상대 내부정보 획득 상대 내부에 있는 직원이 우리에게 관련 정보를 제공해줄 수 있다면 이보다 정확한 정보는 없을 것이다. 단 이는 자칫 민형사상 문제와도 연관이 될 수 있으니, 이러한 정보를 수취할 경우에는 전문가와 상의하는 것이 바람직할 것이다.

둘째, 상대방의 협상이력 리서치 상대방이 자신의 기업 혹은 제3의 기업과 협상했던 이력들을 살펴보면, 상대가 어떻게 합의를 시도할지 예측해 볼 수 있다.

셋째, 유사한 협상사례 기존에 유사한 사례들을 살펴보는 것이 좋을 것이다. 비슷한 비즈니스 협상 사례를 리서치하고, 그 협상에서 어떠한 안건이 있었고, 어떻게 합의가 되었는지 확인하는 것이다. 이를 통해 기본적인 상대의 협상안건과 우선순위를 파악할 수 있다.

---

21 Hofstede Insight, www.hofstede-insights.com/product/compare-countries.

넷째, 상대 협상팀과 대화 상대 협상팀과 편안한 자리(식사 혹은 술자리 등)를 만들어, 그들에게 자연스럽게 질문하여, 필요한 대답을 유도하는 것이 중요하다. 단 이 경우에는 자연스러움이 중요하고, 관계형성도 함께 진행해야 하므로 일정한 커뮤니케이션 노하우가 필요하다.

다섯 째, 자체적으로 예측 우리팀이 자체적으로 모여 상대의 목표를 예측해 볼 수 있다. 예측 능력을 키우기 위해서는 협상이 있을 때마다 이러한 모임을 상례적으로 갖는 습관이 중요하다.

중국 고전20 상대 정보수집에 미흡했던 관우

유비가 한중왕에 즉위하자, 위나라의 조조와 오나라의 손권은 힘을 합쳐 형주를 공격하기로 결정하였다. 그리고 노련한 장수로 명성이 높았던 여몽에게 형주 공격의 직임을 맡기었다.

조조와 손권의 계획을 알게 된 유비는 자신의 의형제인 관우를 불러 두 가지 임무를 부여하였다. 첫째 임무는, 형주를 여몽의 군사로부터 보호하는 것이고, 둘째 임무는 위나라의 번성을 공격하라고 명하였다.

여몽은 형주를 공격하기 위해 육구에 주둔하고 계책을 세웠다. 우선 관우가 자신에 대해 경계하고 있다는 것을 잘 알았기에 관우를 속이기로 마음을 먹는다. 여몽 자신이 병에 든 것처럼 소문을 내고, 육구에서 물러간다. 그리고 여몽의 후임으로 육손을 임명한다. 사실 육손은 여몽에 비하면 경력이 미천하여 상대가 방심하기 쉬운 인물이었다. 육손은 새로 부임하고, 관우의 무용을 칭송하는 편지를 보내 자신의 전투 경력이 관우에 비해 미천함을 간접적으로 보이는 전략을 활용한다.

여몽과 육손이 예상한 대로, 관우는 육손을 무시하고 방심하기 시작하였다. 적은 군사로도 육손의 군대를 막을 수 있다고 판단하고, 형주를 지키고 있던 수비군의 상당수를 유비의 두 번째 임무에 투입하게 된다. 즉 위나라의 번성을 공격하는 데 집중한 것이었다.

이때 여몽은 그 틈을 놓치지 않았다. 형주 수비군의 수가 줄어들었고, 방위가 허술한 틈을 타 형주를 공격하였다. 이 계략은 성공적이었고, 결국 형주를 함락시키게 된다.

여몽과 육손은 관우라는 상대방과 그들의 계획에 대한 정확한 정보를 갖고 있었다. 반대로, 관우는 여몽에 대해서는 상대적으로 적은 정보를 가지고 있었다. 관우는 상대의 전략 등에 대해 좀 더 면밀히 정보를 수집해야 했지만, 그런 단계 없이 중요한 결정을 내리는 미숙함을 보였다. 육손 뒤에는 숨겨진 결정권자, 즉 여몽이 있었고, 여몽의 세심한 계략을 관우는 눈치채지 못한 것이었다.

황소군의 승리와 협상환경 리서치

11

매뉴얼9 | 협상환경 리서치

1 사회/문화

내용	기회	위협	성공/실패 사례
협상관련 이익집단			
협상관련 상관습			
협상관련 규칙			
협상관련 가치			

2 기술/정보

내용	기회	위협	성공/실패 사례
협상관련 기술이슈			
협상관련 정보이슈			
지재권 관련문제			

3 경제

내용	기회	위협	성공/실패 사례
협상관련 시장전망			
환율변화			
물가상승			
기타 경제적 이슈			

4 생태/환경

내용	기회	위협	성공/실패 사례
협상관련 환경적 이슈			
협상관련 생태적 이슈			
협상관련 지리적 이슈			

5 정치/법률

내용	기회	위협	성공/실패 사례
국가 리더십 변화			
국가 정책의 변화			
관련 국제조약			
관련 법률			

STEEP을 통해 '협상환경 리서치'를 하라!

협상환경 리서치란 직면한 협상에 영향을 줄 수 있는 외부적 요소를 의미한다. 예를 들면, 중국의 한 공단에 입주한 외국 기업이 신규 투자를 놓고 중국 기업과 협상을 앞두고 있다고 하자. 이 기업은 중국의 리더십을 누가 갖는지, 중국과 자국과의 관계는 어떻게 진행되는지, 중국과 주변국과의 관계는 어떻게 변하는지, 중국이 새로 체결하는 국제조약은 없는지 등의 정치 혹은 정책적인 문제에 관심을 갖지 않을 수 없다. 이는 신규투자를 해야 하는지 혹은 기존 계획을 축소해야 하는지 등을 판단할 수 있는 중요한 정보가 되기 때문이다.

협상환경 리서치를 위해서는 STEEP 분석을 이용하는 것도 유용하다. STEEP 분석은 협상을 둘러싼 주변환경을 리서치하여, 협상과 연관된 요소들을 분석하는 기법이다.

STEEP에 의한 협상환경 분석은 다음과 같이 다섯 가지로 구분될 수 있다.

Society(사회/문화) 협상관련 이익집단, 상관습, 규칙, 가치 등에 대한 리서치
Technology(기술/정보) 협상관련 기술, 정보, 지재권에 대한 리서치
Economy(경제) 시장전망, 환율, 물가, 기타 경제적 이슈 등에 대한 리서치
Ecology(생태/환경) 협상관련 환경, 생태, 지리적 이슈에 대한 리서치
Politics(정치/법률) 국가 리더십 및 정책 변화, 국제조약, 법률 등에 대한 리서치

협상환경 리서치를 위해서는 상당한 시간과 전문성이 필요할 수 있는데, 협상을 준비하는 과정에서 다음 방법을 통해 리서치할 수 있다.

중국과 일본 정부기관, 법률 정보 웹사이트 협상 관련 최신 정부정책, 법률관련 정보 획득 가능

중국과 일본에 거주하는 교포모임 웹사이트 현지에서 생활하면서 경험한 내용들이 많아 보다 구체적이고 현실적인 정보획득 가능

국내 지원기관 웹사이트 KOTRA, 수출입은행, 한국무역보험공사, 대사관 등 글로벌 비즈니스를 지원하는 기관들이 제공하는 정보 활용

국내외 협회 정보 비즈니스를 실질적으로 경험한 기업들이 다양한 정보를 제공

분야별 전문가 상담 각 분야 전문가(지역전문가, 변호사 등)를 통한 정보 습득

중요한 것은 협상환경 리서치를 하면서, 우리에게 기회가 될 만한 정보가 있는지 혹은 위협이 될 만한 정보가 있는지를 기록해야 한다. 이는 '협상 SWOT 분석법'의 토대가 되기 때문이다.

노하우 22

성공 및 실패 협상 사례를 분석하라!

협상환경 리서치를 위해, 과거에 있었던 유사한 협상 사례를 살펴보는 것도 중요하다. 성공한 협상 사례 혹은 실패한 협상 사례 모두 유용한 교훈을 주기 때문이다.

중국 고전21 성공과 실패 사례를 활용한 황소의 승리

당희종의 광명 원년 황소의 난이 일어났다. 그러나 얼마 지나지 않아 황소의 진영에 전염병이 나돌아 전력이 크게 약화되었다. 이 틈을 타 장린이 관군을 이끌고 진격해 왔고, 황소의 군대는 위기에 놓이게 되었다.

장린은 황소의 군사를 궤멸할 수 있는 좋은 기회라고 생각하여, 각 지역의 절도사 휘사 군사들이 집결해 줄 것을 요청하였다. 그러나 장린의 상관이던 고변은 다른 이들과 공을 나누게 될 것을 우려하여, 관군 동원을 반대하였다. 그리고 고변은 장린의 군대에게 단독으로 진군을 명하였다. 그러나 고변의 생각과 달리 관군은 황소군에게 대패하고, 장린도 전사하게 된다.

그 후 황소의 군대는 승승장구하며, 결국 장안까지 장악하는 데 성공하였다. 당희종은 고작 500명과 함께 궁을 빠져나갔다. 이때 황소는 당희종의 군대를 쫓지 않고, 장안성에서 약탈과 살육을 자행했다. 또한 황소는 황제의 자리에 오르는 데 집중하였다. 국호는 대제, 연호는 금통이었다. 황소는 당희종을 잡을 수 있는 절호의 기회를 놓친 것이다. 결국 광명 2년 관군이 전력을 가다듬어 다시 장안성으로 진군하였고, 황소군은 관군의 매복계에 걸려 대패하였다. 결국 황소의 군대는 장안성을 빠져나가기로 결정하고, 관군은 아무런 저항 없이 장안성을 점령하였다. 황소가 자신의 실수를 인지하는 시점이었다. 이때 관군은 황소의 군대와 동일한 실수를 범한다. 황소를 추격하지 못하고, 장안에서 승리의 기쁨에 젖어 노략질을 하고 술에 취해 잠이 들었던 것이다. 황소는 그 기회를 놓치지 않았다. 황소군이 전광석화처럼 장안성으로 진격하였고, 무방비였던 관군을 모두 격퇴할 수 있었다.

황소의 승리에서 볼 수 있듯이, 황소는 장안성 승리에 심취해 당희종을 제거할 수 있는 절호의 기회를 놓치게 되었다. 관군이 황소의 '성공과 실패 사례'를 미리 리서치했다면, 관군이 장안성을 다시 점령하였을 때 황소와 똑같은 실수를 범하지 않았을 것이다.

협상도 마찬가지다. 현재 직면한 협상과 유사한 협상 사례를 조사하고, 그 사례들의 성공 및 실패 원인을 분석한다면, 실패할 수 있는 요인을 제거하고 협상에 임할 수 있을 것이고, 당연히 성공적인 협상 결과를 기대할 수 있는 것이다.

● 상관습 리서치: 실패 사례

상관습 리서치에 실패한 사례를 보자. 아래 다윈 임플란트 협상은 시장 리서치, 즉 상관습과 진입 장벽에 대해 꼼꼼히 리서치하지 못해 어려움을 겪은 사례다.

협상 사례8 상관습 리서치에 실패한 다윈 임플란트

영국에서 한 과학자가 수년간의 노력 끝에 혁명적인 임플란트를 개발하였다. 임플란트의 하단(픽스처(Fixture)라고 함)과 상단(크라운(Crown)이라고 함)을 분리할 수 있는 기술이었다. 기존의 임플란트 시술을 받은 사람에게는 종종 잇몸에 문제가 생기거나, 침전물이 생길 경우 치료를 위해 임플란트를 제거하고 수술을 받아야 하고, 임플란트를 재시술해야 했다. 이는 경제적으로나 시간적으로나 큰 부담일 수밖에 없었다.

한편 이 신규 개발된 '다윈 임플란트'는 상단과 하단을 임시적으로 분리할 수 있었다. 그 결과 잇몸 치료를 한 후 다시 임플란트 하단에 낄 수 있어서 그 효율성과 편리성은 타의 추종을 불허하였다.

이 기술을 개발한 과학자는 아시아 시장을 목표로, 일본에 생산기지 건설을 위해 일본 내 치과 관련 투자자 그리고 사업가들과 협상을 진행하게 되었다. 특히 기존에 일본에 치과 제품 유통망을 가지고 있던 사업가들과 결합하면 큰 시너지를 낼 수 있을 것이라는 기대감이 있었다.

그러나 이 예상은 크게 빗나가고 말았다. 우선 다윈 임플란트는 시장을 정확히 분석하지 않고, 기술만 개발한 것이 협상 과정에서 여과 없이 드러나게 된다. 우선 다윈 임플란트의 실수는 임플란트의 고객을 환자로 생각했던 것이었다. 즉 다윈 임플란트는 환자들이 선호하는 임플란트를 골라서 구매할 것이라고 생각하였다. 하지만 실제로 임플란트의 실질적인 구매자는 의사였다는 것을 협상 과정에서 알게 된다.

안타깝게도 다윈 임플란트는 의사에게 그리 매력적이지 못한 제품이었다. 첫째, 이 임플란트를 사용할 경우, 치과의사들은 임플란트 시술을 다시 할 수 없으므로 결국 수입이 줄어드는 결과를 초래했다. 둘째, 치과의사들은 이미 외국의 대형 임플란트 재료업체들과 다양한 이권으로 연계되어 있는 상황이었으므로, 이것을 넘어설 수 있는 재정능력과 브랜드파워가 동반되어야 하는 상황이었다.

결국 다윈 임플란트는 이러한 상관습적인 한계를 넘기기 어려웠다. 수년간 노력의 결실을 이루지 못하고, 실패의 경험을 비싸게 치르게 되는 순간이었다.

● 이익단체 리서치: 실패 사례

협상 사례9 이익단체 리서치에 실패한 포스코

포스코는 인도 오리사주에 일관제철소를 건설하는 프로젝트를 위해 인도 정부와 2005년에 협상을 시작하였다. 총 4000에이커 부지에 120억 달러가 투입되며, 인도에서 진행되는 단일 외자 프로젝트로는 역대 최대 규모였다. 이 공장이 완공되면 연간 1200만톤의 철강 생산이 가능했다.

포스코에게 인도는 참으로 매력적인 시장이었다. 우선 인도에서의 철강 수요가 폭발적으로 늘고 있었다. 현대자동차, 삼성전자, LG전자 등 국내 대기업도 진출하여, 제품 생산량이 꾸준히 늘고 있었고, 인도 정부도 자동차산업 육성을 통해 2015년까지 생산량을 422만 대로 늘릴 예정이었다. 무엇보다 인도에서는 양질의 철광석 채굴권 확보도 가능할 수 있었다.

이런 매력적인 시장 진출을 위해, 대한민국 대통령, 포스코 회장 등이 방문하여 인도 중앙정부로부터 적극적인 협력을 약속 받았다. 그러나 협상이 시작된 시점부터 10여 년이 지난 시점까지 공장건설은 전혀 진행되고 있지 못했다.

문제는 중앙정부의 반응과 달리, 지역정부의 비협조, 지역주민의 반대, 환경단체의 반대, 종교단체의 반대, 인도 철강회사의 간접적인 방해 등이 그 원인이었다.

인도는 중국과 달리 중앙집권적이 아니라는 데 문제가 있었다. 중앙정부와 상관없이 지역정부에서 지역 문제를 주로 다루는 것이 인도라는 것을 간과한 것이다.

포스코는 아쉽게도 협상환경 리서치에 대한 부족함으로 인도 정부와의 협상의 결실을 오랫동안 보지 못하였다. 인도는 영토가 큰 대국이라, 지역정부가 중앙정부에 영향을 크게 받지 않을 수 있다는 정치적인 측면, 그리고 철광석 채굴권을 내어 주고 싶지 않은 지역정부의 정책적인 측면, 마지막으로 지역주민·환경단체·종교단체가 반발하는 문화적 측면 등을 미처 파악하지 못한 것이다.

● 국가 리더십 리서치: 성공 사례

중국과 일본에서는 리더십의 변화와 그에 따른 정책의 변화를 민감하게 살펴보는 것이 무엇보다 중요하다. 특히 중국에서 공산당 리더십과 일본에서 군국주의 성향을 가진 리더십의 변화는 비즈니스에도 강력한 영향력을 미치게 된다. 따라서 그들의 성향을 파악하는 것이 중요하다.

대표적인 예가 한중 FTA이다. 한중 FTA가 2014년 말에, 중국에서 APEC 정상회담이 개최되고 있는 중간에 극적으로 타결된 것이다. 언론이나 전문가들 모두 예측하지 못한 뉴스라 놀랄 수밖에 없었다. 수년간 양국의 이익을 위해, 합의되지 못한 많은 협상 의제들이 남아 있던 상황에서 어떻게 협상이 타결될 수 있는지 의아해했다.

내막을 알고 보니, 이는 시진핑 중국 국가주석의 강력한 의지가 작용했다는 후문이다. 시진핑 국가주석은 중국에서 열리는 APEC 정상회담에서 한중 FTA 타결 소식을 각국 정상들에게 홍보하고 싶어 했다. 이는 중국의 글로벌화에 대한 실질적인 의지를 보이는 것이고, 깊어진 한국과의 외교 관계를 드러냄으로써 동북아를 놓고 펼치는 패권싸움에서 우위를 선점하려는 정치적 계산이 있었던 것이다. 이에 시진핑 주석은 FTA 담당자들에게 무조건 협상을 타결시키라는 지시를 내렸다는 후문이다. 한국도 북한과의 관계, 장기적인 통일 등 다양한 정치적 이슈를 고려할 때 중국과의 성숙된 관계가 필요했던 터라 중국의 적극적인 의사표현에 동의했다. 이는 양국이 한중 FTA에서 경제적인 효과 외에도 양국의 관계를 상대적으로 우선시하는 협상상황의 결과물이기도 했다.

문제는 한국 정부가 얼마나 이 정보를 미리 확보했느냐가 중요하다. 중국의 리더십이었던 시진핑 국가주석의 성향과 중국 정부의 정책을 미리 간파했더라면 한중 FTA 최종 협상 시 한국 정부가 훨씬 유리한 위치에 설 수 있었을 것이다. 왜냐하면 한국 정부가 아무리 부담스러운 제안을 하더라도, APEC 정상회담 전에 협상을 마무리해야 하는 중국 실무단들은 수용할 가능성이 높았기 때문이다.

비수대전과 협상 SWOT 분석법

12

| 매뉴얼10 | 협상 SWOT 분석법 |

S.W.O.T 분석

1	2	3	4	5	6	7
매우 그렇지 않다	대체로 그렇지 않다	약간 그렇지 않다	보통이다	약간 그렇다	상당히 그렇다	매우 그렇다

Strength 강점   Weakness 약점
⟵ Opportunity 기회   Threat 위협 ⟶

S	**W**
O	**T**

SO전략	**WO전략**
강점을 살려 기회를 포착	약점을 보완하여 기회를 포착
ST전략	**WT전략**
강점을 살려 위협을 축소	약점을 보완하여 위협을 축소

1 협상 상대자와 비교하여 협상시간이 부족하고, 정해진 시간 안에 협상을 반드시 성사시켜야 하는 부담감이 있다.

1	2	3	4	5	6	7
매우 그렇지 않다	대체로 그렇지 않다	약간 그렇지 않다	보통이다	약간 그렇다	상당히 그렇다	매우 그렇다

2 협상 실패 시 상대 회사와의 지속적 관계가 훼손될 수 있는 부담감이 있다.

1	2	3	4	5	6	7
매우 그렇지 않다	대체로 그렇지 않다	약간 그렇지 않다	보통이다	약간 그렇다	상당히 그렇다	매우 그렇다

3 협상 상대자와 비교하여, 협상 포지션을 높일 수 있는 협상대안(BATNA)의 부족 혹은 부재하다.

1	2	3	4	5	6	7
매우 그렇지 않다	대체로 그렇지 않다	약간 그렇지 않다	보통이다	약간 그렇다	상당히 그렇다	매우 그렇다

4 내부 멤버들 간의 협상에 대한 이견 및 반대 가능성이 있다.

1	2	3	4	5	6	7
매우 그렇지 않다	대체로 그렇지 않다	약간 그렇지 않다	보통이다	약간 그렇다	상당히 그렇다	매우 그렇다

5 협상 실패를 인정하지 않는 내부 환경 혹은 (협상 실패에 따른) 협상 담당자의 내부 평판 훼손의 부담이 있다.

1	2	3	4	5	6	7
매우 그렇지 않다	대체로 그렇지 않다	약간 그렇지 않다	보통이다	약간 그렇다	상당히 그렇다	매우 그렇다

6 협상 담당자의 협상에 대한 잘못된 관점, 과신이 존재한다.

1	2	3	4	5	6	7
매우 그렇지 않다	대체로 그렇지 않다	약간 그렇지 않다	보통이다	약간 그렇다	상당히 그렇다	매우 그렇다

7 협상 상대자와 비교하여, 유사한 협상 및 사업경험 부족 및 협상 전문인력이 부족하다.

1	2	3	4	5	6	7
매우 그렇지 않다	대체로 그렇지 않다	약간 그렇지 않다	보통이다	약간 그렇다	상당히 그렇다	매우 그렇다

8 협상 상대자와 비교하여, 예산 부족으로 가격 협상의 ZOPA 책정의 어려움이 있다.

1	2	3	4	5	6	7
매우 그렇지 않다	대체로 그렇지 않다	약간 그렇지 않다	보통이다	약간 그렇다	상당히 그렇다	매우 그렇다

9 협상 상대자와 비교하여, 경쟁사에 비해 경쟁력(시장점유율, 기술력, 생산력, 영업력, 인지도, 인력, 경험 등)이 부족하다.

1	2	3	4	5	6	7
매우 그렇지 않다	대체로 그렇지 않다	약간 그렇지 않다	보통이다	약간 그렇다	상당히 그렇다	매우 그렇다

10 협상 상대자와 비교하여, 결정권자(CEO 등)의 협상타결 의지가 약하고, 협상 담당자의 협상 시 결정 권한도 부족 혹은 부재하다.

1	2	3	4	5	6	7
매우 그렇지 않다	대체로 그렇지 않다	약간 그렇지 않다	보통이다	약간 그렇다	상당히 그렇다	매우 그렇다

　　『손자병법』의 1편 「시계편」에는 손무의 두 가지 핵심전략이 소개되어 있다. 첫째, 전투을 할 때는 적이 힘들어하고 약한 곳을 공격한다. 둘째, 상대방의 강점이 발휘될 수 없는 곳에서 전투를 치른다.

　　상대의 약점과 강점을 발견하고, 이를 전략화하는 것은 현대 시대의 SWOT 분석과 그 맥을 같이한다. SWOT 분석은 협상을 지속할 시 내부 환경과 외부 환경을 분석하여 강점(strength), 약점(weakness), 기회(opportunity), 위협(threat) 요인으로 구분하고, 이를 바탕으로 협상 전략을 수립하는 기법이다.

　　SWOT 분석은 내부환경 분석과 외부환경 분석으로 구성된다. 내부 환경은 상대 협상팀과 비교한 우리 협상팀의 강점과 약점을 찾아내는 것이 목표이며, 외부 환경은 협상과 연관된 사회, 기술, 경제, 생태, 정치·법률 분야에서 기회요인과 위협요인을 발견하는 것을 목표로 한다.

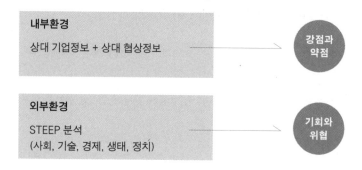

내부 환경분석을 통해 강점과 약점을 파악하라!

[매뉴얼10] 내부환경 분석에 나열된 내용들을 읽고, 점수가 높은 경우에는 우리 팀에 약점이 있다는 의미다. 반대로 점수가 낮은 경우에는 당연히 우리 팀에 강점이 존재한다는 의미다. 이는 우리 협상팀의 협상력을 약화시키며, 협상성과에도 부정적인 영향을 미치게 한다.

첫째, 협상 시간의 부족

둘째, 협상 결렬 시 상대 회사와의 지속적 관계 훼손

셋째, 협상대안(BATNA)의 부족

넷째, 내부 멤버들 간의 이견

다섯째, 협상 실패 시 협상자의 내부 평판 훼손 부담

여섯째, 협상자의 잘못된 관점 및 과신 존재

일곱째, 협상 경험 풍부한 협상 전문인력 부족

여덟째, 예산부족으로 인한 ZOPA 책정 어려움

아홉째, 비즈니스 경쟁력의 부족

열째, CEO의 결정권 부족

협상력 약화

나열된 열 가지 항목과 협상력은 왜 긴밀한 상관관계를 갖는 것인가? 몇 가지 예를 들어 설명해 보겠다.

첫째, 나열된 시간의 문제를 생각해 보자. 정해진 시간 안에 협상을 성사시켜야 하는 부담감으로 협상을 하게 되면, 시간의 부족을 느끼게 되어, 상대가 무리하게 요구하는 것을 주더라도 협상을 성사시키려 할 것이다. 반대로 상대적으로 시간 여유가 있다면 지연전략 등을 쓰며, 우리가 원하는 것을 얻기 위해 최대한 노력할 것이다. 따라서 협상 전에 우리에게 협상 시간이 넉넉히 있는지, 혹은 상대가 협상 시간이 부족하지는 않는지 등을 파악하고 협상에 임해야 한다.

둘째, 협상 결렬 시 상대 회사와의 지속적 관계 훼손이 부담되는 경우에도 협상력이 약화된다. 대표적인 예가 대기업과 소규모 협력업체가 그 예일 것이다. 대기업이 무리한 요구를 할 경우에도 그 협력업체는 강하게 반발하지 못하는 이유가 그 때문이다.

협상 사례10 관계 훼손에 부담을 가진 총판권자 협상

전자회사는 휴대폰 매출을 급성장 상승시키며 세계적으로 유명한 브랜드로 성장하였다. 전자회사와 총판권자는 중국과 동남아시아 일부 국가에서 휴대폰을 독점적으로 판매할 수 있는 총판계약을 하였다. 전자회사의 브랜드 파워 성장으로, 계약 이후 얼마간은 총판권자도 큰 이익을 볼 수 있었다.

그러나 시간이 지나갈수록 전 세계 휴대폰 시장의 경쟁이 치열해지면서 신제품 출시 기간이 짧아지기 시작하였다. 결국 글로벌 전자회사는 재고로 쌓여 있는 미판매 분량을 총판권자에게 사 줄 것을 요구했다. 즉 "밀어내기"를 시도한 것이다. 총판권자는 그 제품들을 사서 중국과 동남아시아에서 과연 다 팔 수 있을까 하는 의구심이 들었으나, 전자회사의 요구를 거절할 시에는 불이익을 받을 것을 우려하여 그 요구를 수락하게 되었다.

문제는 전자회사의 요구는 한 번으로 끝나지 않았다. 그 요구가 점점 많아지고, 주기도 짧아지고, 물량도 점점 커져 갔다. 결국 총판권자는 창고에 수많은 재고를 떠안고 파산하게 되었다.

셋째, 협상 대안이 부족해도 협상력이 약화된다. 따라서 협상을 준비하는 과정에서 우리와 상대에게 협상 대안이 있는지 확인하고, 만약 우리 팀에 협상 대안이 존재하지 않는다면 어떻게 협상 대안을 준비할 것인지 고민해야 한다.

협상 사례11 협상대안을 준비하지 않은 중국페인트

중국페인트는 일본 브랜드로부터 중국 총판권과 생산권 라이선싱을 받아, 중국에서 자체 페인트 공장을 세우고, 중국자동차 등에 도료를 판매하는 영업활동을 하였다.

북경자동차는 중국페인트의 도료가 마음에 들어 자신들의 사업 계획을 이야기하였다. 즉 북경자동차가 인도에 생산공장을 세울 계획이 있는데, 중국페인트가 인도에도 공장을 세우고 독점적으로 자신들에게 페인트를 독점적으로 공급해 줄 것을 제안한 것이다.

중국페인트 입장에서는 대단히 좋은 기회였다. 중국페인트는 일본 브랜드에 북경자동차의 제안에 대해 이야기하고, 자신들이 인도에도 공장을 세울 수 있도록 계약 변경을 요구하였다. 그러나 일본 브랜드는 이를 거절하였다. 자신들이 직접 인도에 진출하고자 하는 숨은 뜻이 있었던 것이다.

중국페인트는 일본 브랜드를 대체할 수 있는 다른 '페인트 회사'를 급히 섭외했지만, 실패하고 만다. 미리 대안을 준비하지 않았기 때문에 북경자동차에 시간 안에 답변을 하지 못하였다. 대안이 없다는 것을 안 북경자동차는 중국페인트에 대한 제안을 없던 것으로 하였다.

외부환경 분석을 통해 기회와 위협을 확인해라!

외부환경 분석을 위해, 앞에서 살펴보았던 STEEP(사회, 기술, 경제, 생태, 정치·법률)으로 환경요인들을 분석하게 된다.

이러한 환경요인들은 협상의 종류에 따라 그 내용이 달라지게 된다. 즉 용역협상, 판매협상, 합작협상, 임금협상 등 다양한 종류에 따라 '외부환경요인'들이 다르다는 의미다.

부득이하게 협상의 종류가 다양한 관계로, 이 책에서는 투자협상의 예로 '외부환경 요인'을 분석해 보도록 한다. [매뉴얼10-1]은 '투자협상을 위한 외부환경 요인'이다. 아래 내용을 읽어 보고, 점수가 높게 나오면 해당 사안에 대한 위협이 증가하는 것이고, 점수가 낮게 나오면 협상을 통한 기회가 높다는 것을 의미한다.

| 매뉴얼10-1 | 투자협상 외부환경 SWOT 분석 |

S.W.O.T 분석

외부 환경(STEEP) 분석: Social사회 | Technology기술 | Economy경제 Ecology생태 | Political-legal정치

1 협상 관련 사업(프로젝트)을 진행하기 위해서는 해당 정부기관 및 법률상의 정책 절차가 까다롭고, 규제가 심하거나, 심해질 가능성이 있다.

1	2	3	4	5	6	7
매우 그렇지 않다	대체로 그렇지 않다	약간 그렇지 않다	보통이다	약간 그렇다	상당히 그렇다	매우 그렇다

2 협상 관련 사업(프로젝트)을 진행하기 위해서는 사회적으로 반대가 심하거나, 심해질 가능성이 있다.

1	2	3	4	5	6	7
매우 그렇지 않다	대체로 그렇지 않다	약간 그렇지 않다	보통이다	약간 그렇다	상당히 그렇다	매우 그렇다

3 상대 기업이 속한 사회, 시장이 불안하여, 예측이 불가능하다.

1	2	3	4	5	6	7
매우 그렇지 않다	대체로 그렇지 않다	약간 그렇지 않다	보통이다	약간 그렇다	상당히 그렇다	매우 그렇다

4 협상과 관련한 사업(프로젝트)에 대한 진입 장벽이 낮다.

1	2	3	4	5	6	7
매우 그렇지 않다	대체로 그렇지 않다	약간 그렇지 않다	보통이다	약간 그렇다	상당히 그렇다	매우 그렇다

5 협상과 관련한 사업(프로젝트)에 대하여, 그 시장에서 신규 기술, 노하우 등이 빠르게 개발될 가능성이 높아, 우리의 사업(프로젝트)에 악영향을 끼칠 가능성이 높다.

1	2	3	4	5	6	7
매우 그렇지 않다	대체로 그렇지 않다	약간 그렇지 않다	보통이다	약간 그렇다	상당히 그렇다	매우 그렇다

6 협상과 관련한 사업(프로젝트)에 대하여, 새로운 고객집단이 출현할 가능성이 낮아 사업(프로젝트) 전망이 어둡다.

1	2	3	4	5	6	7
매우 그렇지 않다	대체로 그렇지 않다	약간 그렇지 않다	보통이다	약간 그렇다	상당히 그렇다	매우 그렇다

7 협상과 관련한 사업(프로젝트)의 성장 가능성이 높지 않다.

1	2	3	4	5	6	7
매우 그렇지 않다	대체로 그렇지 않다	약간 그렇지 않다	보통이다	약간 그렇다	상당히 그렇다	매우 그렇다

8 자연재해, 환경오염 등이 심하여, 협상과 관련한 사업(프로젝트)을 추진함에 어려움을 겪을 가능성이 있다.

1	2	3	4	5	6	7
매우 그렇지 않다	대체로 그렇지 않다	약간 그렇지 않다	보통이다	약간 그렇다	상당히 그렇다	매우 그렇다

9 비용이 증가하여, 협상과 관련한 사업(프로젝트)에 어려움을 줄 가능성이 있다.

1	2	3	4	5	6	7
매우 그렇지 않다	대체로 그렇지 않다	약간 그렇지 않다	보통이다	약간 그렇다	상당히 그렇다	매우 그렇다

10 협상과 관련한 사업(프로젝트)의 트랜드 변화가 심하여 사업 추진에 어려움이 예상된다.

1	2	3	4	5	6	7
매우 그렇지 않다	대체로 그렇지 않다	약간 그렇지 않다	보통이다	약간 그렇다	상당히 그렇다	매우 그렇다

SWOT 분석을 통해 전략을 구성하라!

SWOT 분석을 활용하여, 기본적으로 다음과 같은 전략을 활용할 수 있다.

SO전략	강점을 살려 기회를 포착
ST전략	강점을 살려 위협을 축소
WO전략	약점을 보완하여 기회를 포착
WT전략	약점을 보완하여 위협을 축소

비수대전의 예로, SWOT 분석이 어떻게 전략으로 활용될 수 있는지 설명해 보겠다.

중국 고전22 SWOT 분석으로 승리한 비수대전

전진의 황제 부견은 동진을 공격하기 위해 병력을 징집하기 시작하였다. 목표는 90만 대군을 징집하는 것이었다. 그 과정에서 부견의 동생인 부융이 황제에게 보고하였다. 동진의 병력이 생각보다 적고 군량도 부족하여 신속하게 공격하는 것이 중요하다고 보고한 것이다,

이에 부견은 수천 명의 기병을 먼저 동진으로 급파하기로 결정하고, 자기 수하 중에 주서를 동진으로 보내 항복을 권유하기로 하였다. 주서는 원래 동진의 장령이었다가 4년 전 전진과의 전투에서 사로잡혀 전진의 관리가 된 인물이었다.

황제의 바람과는 달리 주서는 이 기회가 오히려 동진에게 다시 충성할 수 있는 기회라고 생각하고, 동진에게 중요 정보를 알려 주기로 마음먹는다. 당시 동진의 장군은 사석이었는데, 동진의 병력은 전진에 비해 극히 미약한 것을 걱정하고 있던 상황이었다. 그

런데 갑자기 주서가 나타나 사석에게 조언을 하였다. 전진의 100만에 가까운 군대가 모두 집결하기 전에 적의 선봉을 속전속결로 칠 것을 사석에게 권유한 것이다. 선봉을 물리치면 적의 수가 아무리 많아도 사기가 꺾일 것이고, 전쟁에서 승리할 수 있는 가능성을 있을 것이라고 알려 주었다. 이에 사석은 주서의 권유를 받아들여 야밤에 급작스럽게 전진의 선봉을 쳐서 전진을 대패시킨다.

패전을 한 전진은 다시 전열을 가다듬었고, 전진과 동진은 비수 건너편에 주둔하게 되었다. 이번에는 전진의 군대가 모두 집결한 상황이었다. 부견은 이번에는 복수할 것을 다짐하며 집결한 군대를 의지하여 자신만만하였다. 사석과 주서는 이에 대한 계책을 세우고, 승리를 장담하는 부견에게 다음과 같이 제안하였다. 양쪽 군사 모두 물을 사이에 두고 싸우는 것보다는 땅에서 싸우는 것이 좋을 것이라면서, 날짜를 정해 조금만 병력을 후퇴시키면 비수를 건너가 전투를 치르겠다고 하였다.

부견은 많은 신하들이 사석의 의견에 따르는 것에 반대함에도, 부견은 동진의 군사들이 비수를 건널 때 기습하면 될 것이라고 하면서 동진의 제안을 받아들인다. 결전이 예정된 날에 부견이 군대를 후퇴시키기 시작하였는데, 주서가 크게 소리치기 시작하였다. "전진의 군대가 패배하였다. 전진의 군대가 패하였다."

주서의 소리에 놀란 전진의 군대는 진위를 파악하지도 못한 채 혼비백산했다. 전진의 선봉이 동진에게 한 번 패한 기억이 그들을 당황하게 한 것이다. 전진의 군사들은 살기 위해 도망치기 시작했고, 그 와중에 전진의 군대는 또 동진에게 패하여 후퇴하는 줄로 여기고 서로 빨리 도망가려고 하다가 군대의 전열이 엉망이 되었다. 이때 동진의 군사들은 이 기회를 살려 비수를 건너 상대를 공격하였고, 결과로 부견은 부상하였고, 겨우 10여만 명의 군사를 이끌고 도망가게 된다.

동진은 주서의 도움으로 정확한 정보를 모으게 되었고, 이를 바탕으로 계책을 세우게 된다. 당시 SWOT 분석이라는 개념은 없었지만 다음과 같은 결론을 가지고 계책을 구상했을 것이다.

S(강점)	W(약점)
주서를 통한 상대 비밀정보 획득	전진보다 적은 병력
O(기회)	**T(위협)**
부견의 방심 전진 군대 선봉의 적은 수 군대 사기의 활용	전진의 항복요구 전진에 의해 패배

동진은 병력이 열세하고, 패배할 경우 국가의 장래를 보장할 수 없는 위협에 놓여 있었지만, 주서를 통해 얻은 고급 정보를 가지고 상대에게 승리할 수 있는 기회를 노릴 수 있었을 것이다. 즉 모인 정보를 통해 다음과 같은 전략을 구상할 수 있었던 것이다.

SO전략	WO전략
강점을 살려 기회를 포착 주서의 비밀정보를 통해, 첫째, 부견이 방심하고, 둘째, 전진 선봉 군대가 아직 결집하지 않았음을 알게 됨.	약점을 보완하여 기회를 포착 아군의 약점(군대의 수)을 보완하기 위해, 첫째, 상대의 선봉을 야밤에 선제공격하고, 둘째, 아군의 사기를 올리는 기회 포착.
ST전략	**WT전략**
강점을 살려 위협을 축소 부견이 방심하고 있음을 알고, 상대 군대가 후퇴하여 땅에서 싸우도록 유도함.	약점을 보완하여 위협을 축소 아군의 약점을 보완하기 위해, 후퇴하는 전진 군대에게 소리쳐서 혼돈하도록 만듦.

본협상

손빈의 필승전략과 협상전략 구상법

13

매뉴얼11 | 협상전략 기획서

우리 팀 분석		
1 SWOT 분석		

S	W
O	T

SWOT 전략

SO	WO
ST	WT

2 NAP 분석

논제	우선순위	ZOPA	
		Min.	Max.
	1		
	2		
	3		
	4		
	5		

가격 전략

상대팀 분석		
1 SWOT 분석		

S	W
O	T

SWOT 전략

SO	WO
ST	WT

2 NAP 분석

논제	우선순위	ZOPA	
		Min.	Max.
	1		
	2		
	3		
	4		
	5		

가격 전략

3 BATNA 및 일반전략

BATNA	기타전략
1	1
2	2
3	3

4 Trick 전략

전략
위협전략
선제공격전략
미끼협상전략
지연전략
허위권한전략
악역과 선약 전략
전략적 침묵
밸리업 전략
원칙적 합의 전략
벼랑끝 협상 전략

5 협상 시나리오 구상(Time Sequence)

		담당자:		담당자:		담당자:	
		초기안건	BATNA	추가안건	BATNA	잔여안건	BATNA
우리팀	안부인사	1	1	1	1	1	1
		2	2	2	2	2	2
		3	3	3	3	3	3
		전략1		전략3		전략5	
		전략2		전략4		전략6	

● 협상 시작 ⋯⋯⋯⋯⋯⋯⋯⋯⋯⋯⋯⋯⋯⋯ ● 협상 중간 ⋯⋯⋯⋯⋯⋯⋯⋯⋯ ● 협상 정리 ▪ ● 회의록 작성/서명

		담당자:		담당자:		담당자:	
		초기안건	BATNA	추가안건	BATNA	잔여안건	BATNA
상대팀	안부인사	1	1	1	1	1	1
		2	2	2	2	2	2
		3	3	3	3	3	3
		전략1		전략3		전략5	
		전략2		전략4		전략6	

노하우 26

다양한 협상전략을 연결하라!

'연환계(連環計)'는 『삼십육계』의 서른다섯 번째 계책이다. 이는 '고리

를 잇는 계책'이라는 뜻으로, 다양한 계책을 연결한다는 의미다. 연환계의 대표적인 사례에 중국의 4대 미인 초선이 결부된 흥미로운 내용이 있다.

중국 고전22 연환계와 중국 4대 미인 초선

중국의 4대 미인으로 양귀비, 서시, 왕소군, 그리고 초선이 손꼽힌다. 미인들을 지칭할 때, 중국인들은 '경국지색(傾國之色)' 혹은 '폐월수화(閉月羞花)'라는 고사를 사용하였다. '폐월수화'의 '폐월'은 '달이 부끄러워 구름 뒤로 숨는다.'는 의미로 초선을 지칭하고, '수화'는 '꽃들이 부끄러워 고개를 숙인다.'는 뜻으로, '경국지색'의 주인공 양귀비를 지칭한다.

그런데 이렇듯 아름다운 초선은 연환계의 주인공이기도 하다. 태사 동탁이 한참 잘나가던 시기, 즉 자신을 상보(황제의 아버지)라고 칭하고, 동탁의 미오궁이 궁보다 더 화려하던 시절이었다. 동탁은 양아들 여포와 함께 어린 황제의 뒤를 보살피겠다는 명분으로 공포정치를 휘두른다. 이 공포정치가 극에 달하자, 한나라 헌제의 왕윤은 동탁을 제거할 계획을 세우게 된다.

이를 위해 왕윤은 다양한 전략을 결합하여 계획을 세우기로 한다. 우선 자신의 가희였던 초선의 미모를 활용한 미인계였다. 당시 열일곱 살이었던 초선은 미모도 훌륭했지만 화려한 춤과 노래 실력을 자랑하였다. 두 번째는, 이 미인계를 활용하여 동탁과 그의 양아들 여포를 이간시키는 전략을 세우고, 세 번째는, 여포의 힘으로 동탁을 제거하여 왕윤 자신이 직접 피를 묻히지 않는 전략을 세우게 된다.

이를 실행에 옮기기 위하여, 왕윤은 우선 여포를 자신의 집으로 초대한다. 그리고 초선으로 하여금 화려한 춤과 노래로 여포의 마음을 빼앗게 한다. 마음을 빼앗긴 여포는 왕윤에게 초선을 달라고 부탁하게 되고, 왕윤은 마지못해 초선을 주겠다고 약속하고는 여포를 돌려보낸다.

그리고 왕윤은 비슷하게 동탁을 초대하고, 동탁으로 하여금 초선을 데리고 가게 한다. 이 사실을 알게 된 여포는 왕윤에게 대노하게 된다. 이때 왕윤은 여포에게 '동탁이 초선을 강압적으로 데려간 것'이라고 거짓으로 이야기한다. 후에 초선도 여포를 만나 비슷한 연기를 한다. 즉 자신은 여포를 사랑하지만 동탁이 강제로 자신을 차지하였다며 눈물을 보인 것이다. 한편 초선은 동탁에게도 거짓 연기를 한다. 여포가 자신을 겁탈하려 했다고 하며, 자신의 마음은 동탁에게만 있다고 하며 눈물을 흘린 것이다. 여자의 눈물은 양아버지와 양아들의 관계를 이간하기에 충분하였다. 결국 여포는 왕윤의 설득에 넘어가, 거짓 황제 제위식을 만들어 동탁을 제거하게 된다.

성공적인 협상을 위해서는 「연환계」와 같이, 다양한 전략을 결합하고 연결하여 이를 전체적인 협상전략으로 완성하는 것이 중요하다. 우리는 앞에서 다음의 협상전략들을 살펴보았다. 이 전략들을 효과적으로 결합하고 연결하여 전략을 구성해 보아야 한다.

협상안건을 활용한 전략

BATNA를 활용한 전략

상대와의 관계를 활용한 전략

SWOT 전략 (SO전략, ST전략, WO전략, WT전략)

트릭전략 (밸리업전략, 미끼전략, 허위권한전략 등)

노하우 **27**

협상 시나리오를 작성하라!

다양한 전략을 연결하여, 본협상에서 전략을 어떻게 구상할 것인가에 대한 '협상 시나리오'를 미리 작성해 보는 것도 추천해 볼 만하다. 마치 영화의 콘티를 작성하듯, 협상을 미리 예측하여 '가상 시나리오'를 다양하게 구성하다 보면 협상 전체를 볼 수 있는 눈을 갖게 된다.

우선 협상 안건별로 언제 제시할지 결정해야 한다. 협상의 안건을 제시하는 순서에는 전략이 있어야 한다. 예를 들면, 협상 초반에 제시한 안건을 미끼로 사용하여 상대를 곤혹스럽게 하고, 그것을 양보하는 척하면서 협상 중반 이후 자신이 진짜 원하는 것을 얻는 협상 시나리오를 구축할 수 있다.

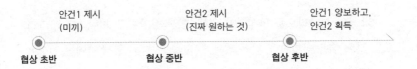

또한 어떤 안건을 패키지로 묶어서 제시할지도 결정해야 한다. 패키지로 묶게 되면, 상대가 어떤 것이 진짜인지 모르게 하는 좋은 전략이 될 수 있다. 예를 들면, 다음과 같은 시나리오가 구축될 수 있다.

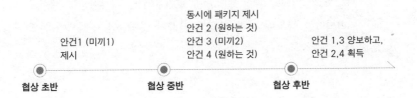

여기에 트릭 전략들을 추가하면 더 재미있는 시나리오를 구축할 수 있게 된다. 예를 들면, 초반에 악역이 등장하여, 안건1(미끼1)을 강하게 주장하고, 후반에 선역이 등장하여 양보하면서 원하는 것을 취득하는 전략이다. 그러면 최종적인 시나리오는 다음과 같이 구축된다.

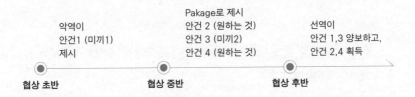

이처럼 시나리오를 다양한 전략을 가지고 시나리오를 구축하면서 연습을 해보면, 더 좋은 협상성과를 기대할 수 있다.

전체적인 협상 상황을 분석하라!

가상의 시나리오를 구성하기 위해 '협상 상황판'을 머릿속으로 그려 보는 것도 좋은 방법이다. 같은 맥락에서, 『손자병법』열세 편에는 전쟁에서 승리하기 위한 다양한 작전을 소개하고 있다. 작전을 펼치기 위해서는, 먼저 내가 전체적으로 유리한 조건에 있는지, 적군의 동태는 어떠한지 등 전체적인 상황을 파악해야 하며, 그 이후 어떠한 작전을 펼칠지 구상해야 한다는 것이다.

『손자병법』은 이러한 작전을 다음과 같이 자연에 비교하며 소개하고 있다. 즉 전체적인 상황에 따라 아군의 전략이 다양하게 구사되어야 함을 보여 준다.

바람 군대가 이동할 때는 바람처럼 빠르게 움직이고, 흔적을 남기지 말아야 함.

숲 군대가 이동을 멈췄을 때는 나무처럼 고요해야 함.

불 군대가 공격을 할 때에는 맹렬한 불길과 같아야 함.

구름 군대가 숨을 때는, 구름이 하늘을 가리듯 눈에 띄지 않아야 함.

천둥, 번개 군대가 신속히 움직일 때는 번개처럼 신속히 이동하여 적에게 피할 틈을 주지 말아야 함.

협상 상황을 전체적으로 머릿속에 그려 전쟁에서 승리한 사례로 다음의 '손빈의 계책'이 꼽힌다.

위나라는 조나라를 침공하여 조나라 수도까지 진격해 왔다. 조나라 왕은 급히 사신을 제나라에 보내 원군을 요청하였다. 이에 제나라 왕은 전기에게 군의 대장, 손빈에게 참모 직임을 부여하고 출전하게 한다. 손빈은 손자병법으로 유명한 손무의 손자로서, 그 역시 뛰어난 병법가였다.

대장으로 임명된 전기는 조나라 수도로 바로 군대를 이끌고 가서, 위나라 군과 격돌하려고 하였다. 그러나 전쟁 상황을 전체적으로 분석하고 있던 손빈은 전기 대장을 만류하며 이렇게 설명하였다.

"지금 위나라 군의 대부분은 조나라 전투에 투입되었습니다. 이는 위나라 방위가 무척 허술하다는 의미입니다. 따라서 우리가 위나라 수도로 진격했다는 소문을 퍼뜨리면, 조나라에 투입되었던 위나라 군은 급히 회군할 것입니다. 그 때 저희는 매복하였다가 그들을 치는 것입니다."

전기 대장은 손빈의 계략에 대해 찬성하였고, 자신들이 위나라 수도를 공격한다는 소문이 위나라 장수인 방연에게 들어가게 하였다. 방연은 급히 군대를 정비하여 위나라로 회군하였다. 결국 제나라 군은 손빈의 계략에 맞추어 매복하였다가 회군하는 위나라 군대를 대파하고, 방연은 패전으로 자결한다.

제나라 왕은 승전에 지대한 공을 세운 손빈에게 높은 벼슬을 주려 하였지만, 손빈은 고사하고 시골로 내려가 『손자병법』 열세 편을 집대성해 위왕에게 바치게 된다.

전쟁을 할 때, 지휘관들은 전쟁 상황판을 놓고 어떻게 전쟁을 진행시킬 것인지 고심하는 모습을 볼 수 있다. 전쟁 상황판은 전쟁의 전체적인 상황을 한눈에 볼 수 있도록 되어 있다. 예를 들어, 우리 군과 적국의 주둔 현황, 전력의 규모, 화력의 정도 등이 표시되어 있다. 이 상황판을 보게 되면, 전쟁을 위해 어떤 전략(공격과 방어)을 써야 할지 쉽게 파악되기 때문이다.

아마도 손빈의 머릿속에는 전쟁 상황판이 그려져 있었을 것이고, 그

그림 안에서 전략을 구상했을 것이다. 동일한 맥락으로, 성공적 협상을 이루기 위해서는 협상 현황을 한눈에 볼 수 있는 상황판이 필요하다.

이러한 상황판은 협상 시 어떤 전략을 활용하면 좋은지를 쉽게 파악할 수 있도록 도와준다. 따라서 협상가들은 협상 전에 반드시 협상 상황판을 그려 놓고 자신들의 협상이 어떤 위치에 있는지를 표시하고, 그 위치에서 필요한 전략을 확인해야 한다.

〈표27〉 협상 상황판[22]

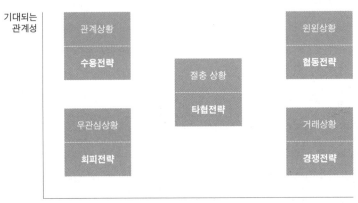

협상 상황을 파악할 수 있도록 로이 르위키(Roy J Lewicki)와 알렉산더 히암(Alexander Hiam)이 R-O(Relationship-Outcome)분석 모델을 제시하였다. R-O모델에 의하면 협상 상황은 다음 두 가지 요인에 의해 좌우된다.

협상 상대와의 기대되는 관계적 중요성(Perceived importance of Relationship)
협상으로부터 기대되는 성과(Perceived importance of Outcome)

22 안세영, 『글로벌 협상전략』 5판, 박영사, 2013, 111쪽.
Dean G. Pruitt, Jeffrey Z. Rubin, and Sung H. Kim, Social conflict: Escalation, Stalemate, and Settlement, 2nd ed., McGraw-Hill, 1994.

노하우 28

협상 상황에 따라 전략을 활용하라!

이 같은 R-O 모델을 적용할 때, 협상 상황은 다음 다섯 가지로 구분
될 수 있다.

〈표28〉R-O모델의 협상 상황

협상 상황	내용
관계 상황	상대와의 관계형성이 협상의 주요 목적인 경우다. 이 경우에는 협상으로부터 기대되는 성과가 그리 크지 않을 수 있다. 주로 지속적인 비즈니스 관계에 있는 대기업과 협력업체, 정부와 기업과의 관계 등이 여기에 속하게 된다.
거래 상황	관계를 형성하는 것보다는 현재 당면한 협상 성과가 더 중요한 경우다. 여름 피서지를 돌며 아이스크림을 판매하는 상인에게는 멀리서 온 피서객과의 장기적인 관계가 중요하지 않고, 에누리 없이 가능하면 높은 가격에 물건을 판매하는 것만이 목적일 것이다.
윈윈 상황	상대와의 관계뿐만 아니라 기대되는 협상 성과도 큰 경우다. 예를 들면, 양 당사자들이 장기적인 관계를 가지고 공동으로 사업, 영업, 연구 등을 할 때가 대표적이다.
무심 상황	상대와의 관계뿐만 아니라 기대되는 협상 성과도 크지 않은 경우다. 무관심 상황의 대부분의 경우에는 상대 기업 및 관련 비즈니스에 대한 관심이 적을 때다.
절충 상황	앞에서 소개된 네 가지 협상 상황을 적절히 절충 혹은 타협하는 경우다.

R-O 모델을 적용할 경우, 큰 틀에서 초기 전략의 방향성을 다섯 가지
로 정할 수 있다. 아래 '콘텍부품 협상'을 보면서 전략들을 적용해 보자.

1) 수용 전략

협상 사례12 콘텍부품 협상

콘텍부품은 특수공구에 대한 특허권을 가지고 일본 대기업에 약 10년간 특수공구를
납품하였다. 어느 날 콘텍부품은 자신들의 경쟁사가 똑같은 제품을 제조하여 대기업에
납품하고 있다는 사실을 발견하였다. 조사해 보니, 그 경쟁사가 콘텍부품의 공구를 불
법으로 복제하여 대기업에 10년 이상 납품한 것이다. 제품을 복제하여 대기업에 납품

을 한 경쟁사에 일차적인 책임이 있지만 이를 사전에 인지하지 못한 대기업에게도 책임을 물을 수 있는 상황이 발생한 것이다.

콘텍부품이 이를 문제 삼으려고 하자 대기업 실무자들은 콘텍부품 사장을 불러 소송하지 말고 협상으로 조용히 처리해 줄 것을 부탁하였다. 이는 실무자들도 내부적으로 문책당할 수 있기 때문이었다. 문제를 조용히 처리해 주면, 대기업과의 지속적인 비즈니스 관계에도 손상을 입지 않게 되기 때문에 콘텍부품은 모든 문제를 조용히 협상으로 마무리하였다. 물론 협상으로 마무리했기 때문에, 콘텍부품이 받을 수 있는 손해배상 금액도 상대적으로 적을 수밖에 없었지만 대기업과의 거래관계는 지속될 수 있었다.

관계 상황에서 쓸 수 있는 협상전략이다. 당면한 협상에서는 다소 불리하게 상대에게 합의 혹은 양보해 주더라도 관계 형성을 통해 향후 있을 다른 협상에서 더 큰 것을 얻겠다는 협상전략이다.

이 같은 수용전략은 "교환의 법칙"을 기본으로 하고 있는데, "이번 협상에서의 양보는 다음 협상에서 상대의 양보를 암묵적으로 요구"하는 전략이다. 이러한 수용협상전략은 한중일 기업과의 협상에서 많이 나타난다. 콘텍부품 협상의 사례에서 대기업 실무자들이 콘텍부품에 문제된 지적재산권 침해 문제를 조용히 처리해 주면, 다음에 다른 것(지속적인 계약관계 등)으로 보상해 주겠다는 암묵적인 거래가 있는 것이다.

콘텍부품은 소송으로 갈 경우 상대적으로 큰 손해배상을 기대할 수 있었으나, 왜 상대적으로 적은 배상을 받으면서 협상으로, 그것도 비밀리에 마무리했을까? 이는 대기업과의 장기적인 비즈니스 관계를 위해 콘텍부품에서 내린 결정이다. 콘텍부품은 앞에 있는 실익보다는 대기업과의 장기적인 관계와 대기업 실무자들을 보호하기 위해 비밀리에 추진하는 것을 목표로 두었기 때문이다.

2) 경쟁협상전략

경쟁협상전략은 거래적 상황에서 사용될 수 있는 협상전략이다. 이는 르위키의 투쟁적 협상이 이를 잘 설명한다. 즉 가능한 최대 협상 성과를 얻기 위해 수단과 방법을 가리지 않고 전략을 구사한다. 협상을 경쟁으로 이해하여, 확정된 이익의 더 많은 부분을 쟁취하기 위한 한 과정으로 이해한다. 더 빨리 그리고 강하게 달려들어, 더 많은 피자 조각을 얻어오는 자가 승자가 되는 것으로 이해하는 것이다.

〈표28〉 르위키의 협상이론[23]

구분	투쟁적 협상	호혜적 협상
협상 형태	제로섬 게임	윈윈 게임
협상 이익의 배분	확정된 협상이익 분배	협력하여 협상 이익 증대 노력
정보의 흐름	정보 공개 안 함	정보 공개 함
상대의 이익	상대의 이익을 고려하지 않고 자신의 주장만 함	상대와 자신의 요구사항 및 입장을 함께 고려함
상대에 대한 인식	적대자 · 경쟁자	친구 · 협력적 파트너
협상전략	비도덕적 · 기만적 술책 감행	도덕적 · 협조적 전략 고수

한중일 기업에 '경쟁협상전략'을 사용하기 위해서는, 상대 협상가에게는 친절하고, 협상 이슈에 대해서는 철저히 경쟁적인 자세를 취하는 전략이 추천된다. 다시 말하면, 관계를 손상시키면서 경쟁적으로 접근하면 안 된다는 의미다.

3) 윈윈협상전략

윈윈협상전략은 레위키의 호혜적 협상과 유사한 전략이다. 서로의

---

23 Lewicki Roy J., Saunders David M., & Minton John W., *Essential of Negotiation*, Irwin, 1977, pp. 30-88.
Lewicki Roy J., David M. Saunders, and Bruce Barry Negotiation, 7th ed., McGraw-Hill, 2010, p. 23.

협력을 통해 시너지 효과, 즉 상호간의 이익을 최대한으로 끌어올릴 수 있도록 노력하는 전략이다. 이는 피자의 크기가 정해져 있다기보다 함께 피자를 만들고, 그 크기를 크게 하면 된다는 호혜적인 입장이며, 상대를 적으로 이해하기보다 친구 혹은 파트너로 이해하고 협상에 임하는 전략이다.

콘텍부품의 협상 사례에서 대기업이 콘텍부품을 사업의 파트너라고 인식할 경우 윈윈협상전략을 사용할 수 있다. 콘텍부품은 자신들이 입은 피해를 어느 정도 보상을 받고, 대기업도 새로운 협력사를 찾거나 시스템을 구축하기 위한 비용과 시간을 줄일 수 있으므로 서로에게 윈윈이 되는 것이다.

한중일에서도 상당히 유용하게 사용되는 전략이다. 윈윈협상전략을 사용하는 경우, 종종 서로의 내부 정보, 예를 들면 ZOPA를 솔직히 공개하고, 상호 신뢰의 바탕하에 협상을 진행하는 경우도 많다.

4) 회피전략

'무심 상황'에서의 협상전략이다. 협상을 할 필요성이 없으므로 회피하는 전략이다. 예를 들면, 콘텍부품이 받을 수 있는 배상액이 상당히 커서 대기업과 향후 거래를 크게 신경 쓰지 않아도 된다면, 대기업과의 관계보다는 배상액을 많이 받아 내는 데 집중할 것이다.

5) 타협전략

절충 상황에서 쓸 수 있는 협상전략이다. 콘텍부품과 대기업이 이 문제를 바라보는 시각이 다를 수 있고, 그 중간선에서 서로 타협하여 문제를 해결하는 전략이다. 이는 다음과 같은 특징으로, 실전 협상에서는 가장 적절한 협상전략이다.

당사자가 서로 공평하다고 느낌

서로의 관계도 유지하고, 협상성과도 획득하는 일석이조

합리적으로 이해되어, 협상팀이 회사로 돌아와서 협상성과에 대해 승인받기에 적합

서로 신속하게 협상을 마무리할 수 있는 방법

자오곡 계책과
본협상

14

협상실전연습 Simulated Practice

01 팀 정보

심사관

팀명

팀원 01

　　　02

　　　03

1회전　　　　　　　　　2회전　　　　　　　　　3회전

02 운영 방식

각 팀은 두세 명으로 구성하며, 결정권자(사장 혹은 팀장)와 담당자(프레젠테이션 담당 등)로 역할을 정한다. 협상은 기본적으로 120분이 소요되며, 시간 배분은 다음과 같다.

40분 준비시간 – NAP을 작성

60분 협상실전 (작전회의를 위해 각 팀은 5분간 휴식 시간을 가질 수 있다.)

10분 자가 평가 및 상대팀 평가

10분 심사관과 면담

평가 점수는 아홉 단계로 구분된다.
A+, A, B+, B, C+, C, D+, D, F

모의협상 평가서

1 Negotiation Action Plan(NAP)을 사전조사를 통해 성실히 작성했나요? (10점)

1 Very Negative	2 Negative	3 Somewhat Negative	4 Negative	5 Somewhat Positive	6 Positive	7 Highly Positive

2 NAP에 작성된 목표를 성취했나요? (40점)

1 Very Negative	2 Negative	3 Somewhat Negative	4 Negative	5 Somewhat Positive	6 Positive	7 Highly Positive

3 수립한 전략이 실제 협상에서 성공적으로 활용이 되었나요? (10점)

1 Very Negative	2 Negative	3 Somewhat Negative	4 Negative	5 Somewhat Positive	6 Positive	7 Highly Positive

4 상황에 유동적으로, BATNA(대안)를 최대한 활용했나요? (10점)

1 Very Negative	2 Negative	3 Somewhat Negative	4 Negative	5 Somewhat Positive	6 Positive	7 Highly Positive

5 팀 안에서 역할(업무분담)이 분명하고, 전략적으로 성공적이었나요? (10점)

1 Very Negative	2 Negative	3 Somewhat Negative	4 Negative	5 Somewhat Positive	6 Positive	7 Highly Positive

6 자신의 협상 스타일을 잘 살려서, 자신의 의견을 상대방에게 정확히 전달했나요? (10점)

1 Very Negative	2 Negative	3 Somewhat Negative	4 Negative	5 Somewhat Positive	6 Positive	7 Highly Positive

7 상대팀과 친교적이고, 윈윈(Win-Win) 전략을 추구했나요? (10점)

1 Very Negative	2 Negative	3 Somewhat Negative	4 Negative	5 Somewhat Positive	6 Positive	7 Highly Positive

---

중국 고전24 자오곡 계책을 거절한 세심한 제갈량

촉의 위연은 유비에게 귀순한 장수다. 관우가 장사군의 황충과 교전을 벌일 때, 황충은 관우를 죽이지 않으려고 활을 약간 비껴 쏘았고, 태수 한현이 이를 알게 되었다. 태수 한현은 황충을 괘씸하게 여겨 죽이려고 하였고, 이를 알아챈 위연은 태수 한현을 먼저 죽이고 황충과 함께 유비에게로 귀순했다.

유비에게로 귀순하였을 때, 제갈량은 위연이 자신의 주군였던 태수 한현을 죽인 것을 좋지 못하게 보아 위연을 죽이려고 하였다. 그러나 유비가 이를 만류하여 결국 위연은 유비 진영의 장수가 되었다.

유비의 장수가 된 위연은 여러 전투에서 혁혁한 업적을 세우게 되고, 유비가 한중왕에 즉위했을 때, 위연은 그런 업적에 힘입어 한중태수 자리에 오르게 된다.

유비가 죽고 난 후, 제갈량은 북벌에 대한 계획을 갖게 된다. 관련한 작전회의에서 위연은 한 가지 계책을 제갈량에게 다음과 같이 건의한다.

"승상께서 저에게 5000명의 군사를 주신다면, 자오곡으로 들어가 서쪽 핵심부인 장안을 기습하여 열흘 안에 장안을 점령할 수 있을 것입니다. 그 이후 승상께서 대군을 이끌고 진군하신다면, 장안의 서쪽은 모두 우리 땅이 될 것입니다."

자오곡 계책은 사실 대단히 기발한 생각이었고, 충분히 승산이 있어 보였다. 그러나 제갈량은 그 계책을 받아주지 않는다. 이유는 모든 것을 철저히 준비한 후, 꼼꼼히 작전 계획을 세우는 제갈량의 눈에는 위험한 계책으로만 보였기 때문이었다. 국가의 운명을 두고 제갈량은 도박을 할 수 없었던 것이었다.

가격 협상을 위해 모의협상을 실시하라!

제갈량의 선택처럼 협상은 철저히 준비하고, 예행연습까지 하는 것이 바람직하다. 소수의 경험 많고 역량 있는 협상가가 있다고 해서 회사의 운명을 그들의 역량에만 맡기는 것은 위험천만한 일이다. 협상은 사실 잘하는 것보다 준비하는 것이 더 중요하기 때문이다.

협상을 준비하기 위해 가장 좋은 방법은 모의협상을 진행해 보는 것이다. 이를 통해 상대의 목적, 안건, 우선순위, 전략 등을 예측해 볼 수 있고, 우리 팀의 대화 스타일, 대응 방안, 전략, 역할 구분 등에 대해 점검해 볼 수 있다. 무엇보다 무엇을 상대에게 주고, 어떤 것을 얻어 올 수 있을지, 그리고 얼마의 가격으로 최종적으로 합의할 것인지를 고민해 볼 수 있다.

모의협상을 효과적으로 진행하기 위해서는 다음과 같이 열 단계로 준비할 수 있다.

〈표29〉 모의협상 진행절차

단계	내용
1단계	당면한 협상사례를 객관적으로 작성하고, 당사자들이 볼 수 있는 공개된 정보를 첨부한다. 이를 '공통정보'라 한다.
2단계	우리 팀의 비밀정보를 작성한다. 비밀정보는 우리 팀의 협상 목적, 협상 안건, 우선순위 등을 포함한다. 우리 팀이 실제로 원하는 것을 작성하는 것이 중요하다.
3단계	상대 팀의 비밀정보를 예측하여 작성해 본다. 2단계와 마찬가지로, 상대 팀의 협상 목적, 협상 안건, 우선순위 등을 예측하여 작성한다. 이 예측이 정확하기 위해서는 관련 리서치가 선행되는 것이 바람직하다.
4단계	모의협상에 참여할 사람들을 두 팀으로 나눈다. 한 팀은 우리 회사 협상팀, 다른 팀은 상대 회사 협상팀 역할을 맡게 한다.
5단계	각 팀 안에서 담당할 역할을 나눈다. 역할은 부서, 직함, 성향에 따른 역할 등을 포함한다.
6단계	우리 팀과 상대 팀에게 공통정보와 비밀정보를 제공한다. 단 비밀정보는 해당 팀에게만 제공한다.

7단계	양 팀이 주어진 정보를 읽고, 정보분석, 전략구상, BATNA 창조, 협상준비서(NAP)를 작성할 수 있는 시간을 약 40분 제공한다.
8단계	협상 심사관들 앞에서 양팀이 모의협상을 60분 동안 실시한다. 당연히 심사관들은 사전에 양 팀의 비밀 미션을 알고 있어야 한다. 각 협상팀이 협상중간에 5분씩 휴식시간을 심사관들에게 신청할 수 있게 하여 전략을 수정할 수 있는 기회를 제공한다.
9단계	모의협상 이후에는 주어진 「모의협상 평가서」를 활용하여, 스스로 자가평가하고 상대 팀도 평가하게 한다.
10단계	각 협상팀이 심사관들과 면담을 한다. 이때 각 협상팀은 자신들의 목적, 협상 안건, 우선순위, ZOPA, BATNA, 역할 구분, 협상전략 등에 대해 브리핑한다. 심사관들은 각 협상팀에게 궁금한 점을 질문한다. 심사 후 양 팀과 심사관들이 모여 모의협상에 대해 피드백을 하고, 최종적으로 평가하는 시간을 갖는다.

노하우 30

협상을 위해 코치를 선임하라!

모든 스포츠 종목에는 코치가 존재한다. 코치는 스포츠 팀이 좋은 성과를 낼 수 있도록 조언과 시범을 보여 줌으로써 지도하고 훈련시켜 주는 사람을 의미한다. 각 분야의 최고 성적을 내는 스포츠 스타들은 공통적으로 좋은 코치와 함께 훈련하는 경우가 대부분이다.

이러한 코치는 비즈니스 분야에도 존재하는데, 우리는 그들을 비즈니스 코치라고 부른다. 이들 코치들은 자체 조직을 만들고, 자격증 제도를 만들어 비즈니스 코치들을 양성하고 하고 있다. 최근 들어 이들의 활동이 점점 저변화되고 있는 추세다.

협상 분야는 전문 코치가 존재할까? 때로는 변호사, 회계사, 혹은 경영컨설턴트가 간접적으로 협상 자문을 하는 경우가 있지만, 사실 아직까지는 협상 코치를 전문적으로 양성해 내는 경우는 전무한 상태다.

협상 코치는 '좋은 협상 성과를 이루려는 사람에게, 그의 협상 잠재력을 개발해 주고, 협상 목표 설정, 협상전략 구축, 협상 커뮤니케이션 등을 코칭해 주는 사람'이다. 그런데 코치가 꼭 전문 교육을 받은 사람이어야 할 필요는 없다. 협상을 앞둔 사람은 그 분야에 경험이 있는 선배, 혹은 지인에게 코칭을 부탁해 보는 것도 좋다. 그 코치와 편안하게 협상에 대해 이야기하다 보면, 제삼자로서의 코치는 협상자가 인지하지 못하던 지혜를 줄 수 있을 것이다. 바둑을 둘 때, 훈수 두는 사람에게 더 잘 보이는 것이 있는 법이다.

매뉴얼13 | 본협상

1 안건 가치평가

우리 팀 안건 가치			상대 팀 안건 가치		교환 사유
안건 내용	가치평가 기준	안건의 가치	교환대상 상대 팀 안건	상대 팀 안건 가치	

2 패키지 협상

패키지 내용	묶음 사유	패키지 협상전략	협상 결과
안건1. 안건2. 안건3.			
안건1. 안건2.			

3 가격 협상

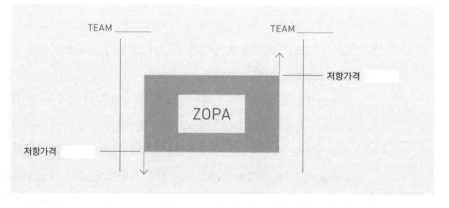

4 안건 제시 순위

안건 내용	제시 순위	비고
	1	Anchor Effect
	2	
	3	
	4	
	5	Never First Open

5 니블링(Nibbling)

니블링 대상	활용전략	결과

노하우 31

협상 안건을 가치평가(Valuation)하라!

가격 협상을 위해서는 우선 각 안건들에게 대해 가치를 평가하는 것이 필요하다. 협상을 통해 가능하면 동일한 혹은 최소한 비슷한 가치 (Value)를 교환해야 하기 때문이다. 만약 안건에 대한 가치를 평가해 놓지 않는다면, 상대와의 교환(양보하고 획득)이 적절하고 타당한지 알 수 없다.

가치평가를 위해서는 협상자들이 먼저 그 기준을 설정해야 한다. 그 기준은 대부분 경제적 기준(금액)일 것이다. 그러나 경우에 따라서는 관계, 철학, 신념, 회사 정책, 국가 정책, 도덕적 관념 등이 기준의 척도가 되는 경우도 있다. 따라서 가격 협상 이전에 경제적 기준 외에 또 다른 기준을 세울 것인지 고민해 보아야 한다.

한중일에서는 관계 자체가 중요한 가치를 갖고 있기 때문에 가치평가의 중요한 기준이 될 수 있다. 또한 중국에서는 정부의 철학과 정책도 중요한 가치 기준으로 작용하기도 한다.

안건의 가치평가 기준이 단순히 경제적인 것이라면, 하이 볼(High Ball) 전략을 사용해 볼 수 있다. 하이 볼 전략은 상대에게 공격적인 가격 제시를 하는 전략이다. 즉 상대가 구매자라면 상대가 예상한 가격보다 더 높은 금액을 처음에 제시하는 것이다. 이렇게 되면 구매자는 높이 제시된 가격에 구속되어, 자신이 원하는 가격만큼 금액을 낮추지 못하는 경향이 있다. 결국 제시된 금액에서 약간 할인되어, 최종 합의 가격은 대부분 판매자에게 유리하게 결정된다.

하이 볼 전략은 기본적으로 다음 상황에서 사용될 수 있다.

우리가 '갑'의 위치에 있을 때
우리에게 강점이 있고, 상대에게 약점이 있을 때
상대에게 BATNA가 없을 때

관계가 중요하지 않고, 협상의 성과만 중시되는 거래적 상황일 때,

한편 가치평가 기준에 관계가 포함된다면 로우 볼(Low Ball) 전략을 구사해 볼 수 있다. 로우 볼 전략은 상대와의 관계를 위해 상대에게 유리한 가격을 먼저 제시하는 전략이다. 예를 들어, 상대가 구매자라면 상대가 예상한 가격보다 더 낮은 금액을 처음에 제시하여, 상대에게 예상치 못한 만족감을 주고, 상대와의 좋은 관계를 유도하는 전략이다.

가치평가 시 또 하나 고려해야 하는 것은 안건을 묶을지 끊을지 고민해 보는 것이다. 어떤 안건들은 함께 패키지로 묶일 때 시너지 효과로 기존 가치보다 훨씬 올라가는 경우가 있기 때문이다.

예를 들면, 트럼프 미국 대통령이 당선되고 한국 정부에 사드 배치 비용으로 1조 원을 지불하라고 요구하면서, 한미 FTA 재협상 문제와 묶어서 협상하자고 제안하였다. 이때 한국 정부는 안보 문제와 경제 문제

는 분리된 안건이므로 별도로 협상하는 것이 옳다고 하였다. 그러나 트럼프 정부는 이 논리를 거부하였다. 미국이 한국의 안보를 위해 많은 비용을 지불하는 만큼 이는 경제 문제와 분리될 수 없다고 강조하였다. 이러한 미국 접근은 결론적으로 성공적이었다. 한미 FTA 재협상 문제는 단독으로 설득력을 갖기 어려웠지만, 안보 문제와 결부되면서 결국 한미 FTA가 재협상될 수 있는 여지를 이끌어 냈기 때문이다.

노하우 32

가격 협상을 위해 상대의 ZOPA를 예측하라!

성공적인 가격 협상의 전제조건은 당사자들의 ZOPA를 확인하는 것이다. 기본적으로 가격 협상은 ZOPA에 속할 때 합의가 이루어지기 때문이다.

협상 사례13 지갑 수입을 위한 가격 협상

중국으로 지갑을 수출하고자 하는 이탈리아 수출업자는 개당 30달러를 제시하였다. 상대가 가격 할인을 강하게 요구할 경우, 23달러까지 고려해 볼 마음이 있다. 23달러 미만으로 팔면 실익이 없다고 판단하였기 때문이다.

한편 지갑을 수입하려는 중국 수입업자는 처음에 20달러에 수입하기를 원한다고 하였다. 그러나 속으로는 25달러까지는 구입할 수 있다고 생각한다. 왜냐하면 25달러 이하로 수입해야만 어느 정도 경쟁력이 있기 때문이다.

이탈리아 수출업자가 30달러를 제시하자 중국 수입업자는 난색을 표시하며, 중국에 수입된 다른 이탈리아 브랜드 가격에 대해 이야기했다. 다른 브랜드의 동질의 지갑은 20달러 정도에 중국으로 수입된다고 하였다.

이 이야기를 들은 이탈리아 수출업자는 다른 브랜드에 수출 기회를 빼앗기지 않기 위해 3달러 인하된 27달러를 제시하였다. 중국 수입업자는 27달러도 중국에서는 경쟁력이 없다고, 자신들은 관심이 없다고 하였다. 그러면서 자신들은 많은 물량을 수입할 예정이라고 은근히 구매력을 자랑하였다. 많은 물량에 마음을 빼앗긴 이탈리아 수출업자는 2달러를 추가로 할인하여 25달러를 제시하였다.

그러나 중국 수입업자는 아직 그 금액을 수용할 의지가 없어 보였다. 대신 중국 수입업자는 자신들이 중국 최대 백화점과 쇼핑몰에 입점하게 되었다고 다시 자랑을 하였다. 이탈리아 수출업자는 그 말에 다시 한번 현혹되어 1달러를 낮추어 24달러를 제시하였다.

할인된 제안(24달러)을 듣고, 중국 수입업자는 22달러로 해 주면 계약하겠다고 이탈리아 수출업자에게 역제안을 하였다. 고민하던 이탈리아 수출업자는 23.5달러를 제안하며, 이 금액이 자신들의 마지노선이라고 하였다. 중국 수입업자는 더 할인해 볼까 고민하다 상대와의 향후 관계를 고려하여 결국 23.5달러에 수입하기로 합의하였다.

위의 내용을 분석하면, 이탈리아 수출업자의 저항가격은 23달러 이상이고, 중국 수입업자의 저항가격은 25달러 이하였다. 즉 양 당사자의 ZOPA(합의가능지대)는 23달러에서 25달러로 형성되는데, 양 당사자는 그 ZOPA(23~25달러)안에서 가격 합의를 할 가능성이 높다는 의미다. 실제로 23.5달러에 최종적으로 단가 합의가 이루어지는 것을 볼 수 있다.

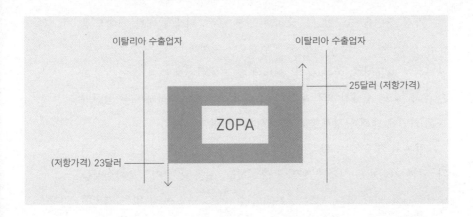

이탈리아 수출업자   이탈리아 수출업자

25달러 (저항가격)

ZOPA

(저항가격) 23달러

그렇다면 상대의 저항가격을 어떻게 찾을 수 있을까? 이는 상대의 할인율 폭을 보면 알 수 있다. 즉 할인폭이 점점 낮아질수록 저항가격에 가까워진다는 것을 인식해야 한다. 위의 사례에서도 처음에는 3달러를 할인해 주고, 다음에는 2달러, 세 번째는 1달러, 그리고 최종적으로 0.5 달러를 할인해 주면서, 할인폭도 함께 줄어든다는 것을 알 수 있다. 이는 점점 저항가격에 가까워진다는 반증이기도 한 것이다.

1차 제시금액	USD 30	
2차 제시금액	USD 27	할인 폭 3달러
3차 제시금액	USD 25	할인 폭 2달러
4차 제시금액	USD 24	할인 폭 1달러
5차 제시금액	USD 23.5	할인 폭 0.5달러
저항가격	USD 23	

가격 할인을 요구할 때, 중국과 일본 모두 '미래에 대한 기대감"을 주는 것이 좋다. 중국과 일본 모두 현재보다 미래에 더 많은 강점을 두는 문화이기 때문이다. 예를 들면, '이번에 조금 저렴하게 주면 앞으로 우리가 두세 배 더 구매할 의사가 있다.'고 이야기한다면, 중국과 일본 협상가들은 할인에 대해 긍정적으로 생각한다는 의미다.

일본의 경우에는 '불확실성의 존재여부'가 가격에 영향을 주게 된다. 일본 기업들은 상당히 원칙에 충실하고, 원칙을 벗어난 불확실성을 수용하기를 꺼려 한다. 만약 일본에서 한 번도 사용된 적 없는 기술이거나 일본 표준에 어긋나는 제도라면 가격에서 유리한 위치에 서기가 어렵다. 그러나 반대의 경우라면, 불확실성이 없다는 장점을 이용해 불확실성이 높은 경쟁사에 비해 가격 협상에서 유리한 고지에 설 수 있다.

노하우 33

안건 제시 순서를 결정하라!

협상의 안건 제시 순위를 결정하면, 가격 협상에서 유리한 고지를 취할 수 있다. 우선 첫 번째로 제시하는 안건을 활용하여 '앵커링(Anchoring: 공격적으로 제안하여 기선을 장악함) 전략'을 활용해 볼 수 있다. '앵커링 전략'은 상대로 하여금 어떤 안건에 고착되게 만들어 다른 안건으로 넘어가지 못하도록 하는 전략이다. 예를 들어, 상대가 수용하기 어려운 안건을 먼저 제시한 다음, 이 안건에 대해 합의하고 다음 안건으로 넘어가자고 하면 상대가 곤란할 수 밖에 없을 것이다. 상대가 곤혹스러워할 때 상대에게 이를 양보해 주는 척하면서, 자신이 원하는 다른 것을 대신하여 획득하는 방법이다.

특히 협상 안건이 상대에게 생소할 경우에는 상대를 더욱 곤혹스럽게 할 수 있다. 이를 '출기불의'라고 하는데, 협상 중 예기치 못한 새로운 안건을 제시하는 전략이다. 제갈량도 진창성을 함락시킬 때, "뜻하지 않은 때에 나가고, 상대 방비가 없을 때 공격하라."고 하며, '출기불의'와 같은 맥락의 전략을 언급하였다.

또한 다음의 경우 '앵커링 전략'이 극대화된다.

상대가 당일에 협상을 마무리하고자 할 때
상대가 협상 시간 마감에 대한 압박이 있을 때

한편 후순위로 협상 안건을 제시하기로 결정한다면, 'NFO(Never First Open)' 전략을 활용할 수 있다. NFO 전략은 상대가 먼저 자신이 원하는 것을 공개하도록 하고, 그에 맞추어 적당하게 맞받아치는 전략이다. NFO 전략은 다음 경우에 주로 활용된다.

상대 안건에 대한 정보가 부족할 때
안건에 대한 ZOPA를 결정하기 어려울 때
안건 자체가 성격상 유동적으로 결정 될 때

노하우 34

'Yes' 혹은 'No' 하지 말고 조건부 교환을 하라!

협상을 할 때, 상대의 요구에 대해 교환 없이 'Yes' 혹은 'No'를 하는 것은 바람직하지 않다. 양쪽의 경우 모두 협상에는 불리하게 작용하기 때문이다.

'Yes'의 경우에는 협상 성과에 악영향을 미칠 수 있다. 예를 들면,

'Yes'를 상대에게 먼저 한 후 상대에게 자신이 원하는 것을 요구하면 그 것에 대해 수용해 주지 않을 가능성이 높다. 반대로 단순히 'No'를 하는 경우에는, 협상이 진전 없이 서로 자신의 주장만을 하면서 관계만 악화 될 수 있다.

따라서 협상 시 상대방이 무엇을 요구할 경우, 그것을 수락(Yes)할지 혹은 거절(No)할지를 생각하지 말고, 내가 원하는 무엇과 교환할지를 생각해야 한다. 그 이후 내가 원하는 것을 상대에게 이야기하고, 이것을 수락할 때 상대가 원하는 것을 줄 수 있다고 하면서 교환을 제시하는 것이 좋다. 즉 조건부 'Yes'를 하는 것이다. 물론 그 교환을 요구하는 것은 동일한 혹은 비슷한 가치의 것이어야 한다.

노하우 35
마무리를 위해 니블링(Nibbling) 협상하라!

니블링은 협상의 마무리 단계에서 약간의 양보를 받아 내기 위한 전략이다. 당사자들은 주요 안건들에 대한 합의를 이루고, 어느 정도 안도하는 시점에 이르게 된다. 그다음부터 대부분의 협상가는 더 이상 상대에게 얻어 낼 것이 없다고 생각하여 협상을 그대로 마무리하려고 한다. 예를 들어, 상대와의 관계가 훼손되어 협상 전체 틀이 어그러지는 것을 막으려는 수세적인 입장을 취하게 된다.

니블링 전략을 구사하는 사람은 이때가 전략을 활용할 가장 좋은 시점이다. 상대에게 협상의 큰 틀을 해치지 않을 만한 아주 작은 것을 요청하는 것이다. 이때 상대는 협상 성과 혹은 상대와의 관계가 훼손될 수 있는 두려움 때문에 작은 요청을 쉽게 수락하는 경향이 있다.

특히 상대가 시간적인 제약이 있을 때는 이 전략이 더 효과적으로 쓰일 수 있다. 예를 들면, 비행기 탑승을 위해 출발을 해야 하거나, 상사에게 보고해야 할 마감 시간이 가까워 촌각을 다투는 경우 더욱 유용하게 쓰일 수 있는 전략이다.

조호리산(調虎離山)과 갈등관리 협상

15

매뉴얼14 | 갈등관리 협상

내용			참고 사항	당사자 합의
분쟁 처리 방법	법원	관할지	법원지역 결정	
		준거법	적용법률 결정	
	ADR	중재	뉴욕협약 가입국 확인	
			중재효력문구 삽입 확인	
			중재절차, 장소, 방법, 비용 명시	
		조정	조정절차, 장소, 방법, 비용 명시	
		협상	협상절차, 장소, 방법, 비용 명시	
기준 결정	언어		링구아 프랑카 결정	
	화폐		기준화폐와 환율도 함께 결정	
	회계		국제회계기준 IFRS 적용 여부 결정	
	도량형		사용되는 도량형 기준 결정	
	기술		ISO표준 적용 여부 등	
	검수		검수비용, 검수방법, 검수기준 결정	
	기타		기타 기준이 필요한 항목 확인	
협상용어 정의	영업일		어느 나라 공휴일을 적용할지 명시	
	기타		기타 정의가 필요한 용어 확인	
권리와 의무	진술과 보증		관련 증빙을 통해 내용 확인	
	당사자 A 권한			
	당사자 A 의무		전체적으로 명시되었는지 확인	
	당사자 B 권한		빠진 내용이 없는지 확인	
	당사자 B 의무		중복되지 않았는지 확인	
	관련자 권한		명확히 정의되었는지 확인	
	관련자 의무			
약속사항	진술과 보증		관련 증빙을 통해 내용 확인	
	약속이행		약속이행 방법, 절차 등 확인	
약속위반	치유		치유방법, 절차, 비용, 내용 결정	
	이자/지체상금		이자/지체상금 비율 결정	
	불가항력		자연재해/사회적요인 적용분야	
손해배상	직접/간접 손해배상		적용범위 및 내용 확정	
	징벌적 손해배상		중국: 징벌적 손해배상 적용 확인	
			(배수적 손해배상 확인)	
			일본: 징벌적 손해배상 미적용	

협상은 기본적으로 갈등을 수반하게 된다. 협상 초보자들은 협상과정에서 갈등이 생기게 되면 '자신들의 잘못'으로 여겨 자칫 위축된 협상을 할 수 있다. 그러나 협상은 필연적으로 갈등을 불러오게 된다. 서로 다른 목적을 가진 이들과의 대화는 당연히 상충될 수밖에 없고, 타협점을 찾기란 결코 쉬운 일은 아니다.

협상 과정에서 갈등이 발생했을 때, 협상 당사자들은 위축되지 말고 '그 갈등을 어떻게 해결할까.'를 고민하는 적극적인 자세를 갖추는 것이 중요하다. 이를 위해서는 [매뉴얼14]를 활용하여, 사전에 갈등 관리를 위한 준비를 철저히 해 놓는 것이 중요하다.

중국 고전25 유리한 지역으로 상대를 유인하여 승리한 정형전투

조호리산은 『삼십육계』의 열다섯 번째 계책으로서, '호랑이를 유인하여 산에 떨어뜨려 놓는다.'는 뜻이다. 즉 호랑이만큼 강한 적을 이기기 위해서는 적에게 유리한 거점에서 유인해 내서, 아군에게 유리한 지형에서 전투를 벌여 승리한다는 의미다. 조호리산의 대표적인 예로 정형전투가 거론된다.

한나라와 조나라가 대치를 하게 되었다. 한나라의 한신은 자신들의 병력이 조나라에 비해 크게 열악한 것에 대해 염려하였다. 첫째, 조나라는 20만 대군이었고, 한나라의 군대는 고작 3만 정도였기 때문이다. 둘째, 한신의 정예부대가 착출되어 다른 전투에 배치되었기 때문이다. 한신은 어쩔 수 없이 일반인이나 마찬가지인 사람들로 군대를 구성할 수밖에 없었다. 셋째는 지형이었다. '정형'은 산맥이 돌연 끊겨서 두 산 사이가 아주 좁아 지키기는 쉽고 공격하기는 어려운 험지였다. 즉 조나라 입장에서는 지형도 유리한 상황이었다.

이에 한신은 상대(조나라 군대)를 정형관에서 유인해 내려는 계책을 마련한다. 군대를 3군으로 나누어 전략을 구사하였다. 우선 1군(1만)으로 정형관을 공격한다. 1만의 군대에는 한나라 대장기를 세우고 진격하였기 때문에, 조나라는 그들을 한신의 주력군으로 생각하게 되었다. 그리고 치열한 전투 이후 한나라 군대는 일부러 패전한 것처럼 후퇴를 감행하였다. 이를 본 조나라 군대의 대부분은 한나라 군대를 소탕하기 위해 정형관을 빠져나와 한나라 군대를 추격하게 되었다.

퇴각한 한나라 군대는 물가에 진지를 구축하고 있었던 2군과 합류하였다. 한신이 물가에 군대를 배치한 이유는, 아군의 퇴로를 끊고 죽음을 각오하고 싸우게 하기 위함이었다. 일반인과 같았던 군대의 사기를 높이기 위해서는 어쩔 수 없는 선택이기도 하였다. 여기에서 '배수진(背水陣)'이란 말이 나왔다.

물가에 주둔한 병력이 조나라 대군을 상대하고 있을 때, 3군(2000여 경기병)이 정형관을 공격하였다. 다행히 정형관의 대부분의 군대가 한나라 군대와 대치하고 있던 상황이라 정형관의 방비는 허술하였다. 결국 3군은 정형관 내부 침투에 성공하고, 정형관 내부의 조나라 깃발들을 모두 뽑아 버리고 한나라 깃발로 바꾸어 버린다.

이를 본 조나라 군대는 혼비백산한다. 성이 함락되었다는 사실은 조나라 군대의 사기를 한번에 무너뜨리기에 충분하였고, 대부분의 조나라군은 탈주를 시도하였다. 이 틈을 타 한나라 군은 조나라군을 격퇴하는 데 성공한다. 대군을 무너뜨리는 순간이었다.

노하우 35
뉴욕협약을 활용하여 중재로 분쟁을 해결하라!

'분쟁해결 방법'은 크게 두 가지로 구분된다. 소송을 통해 법원에서 해결하거나, ADR(Alternative Dispute Resolution: 대체적 분쟁해결수단)로 해결하는 방법이다.

첫째, 법원을 통해 분쟁을 해결할 때는 우선 관할지(법원의 위치)와 준거법(적용하는 법률)을 사전에 결정해 놓아야 한다. 그러나 협상자 누구나 상대 국가의 법률과 법원에서 분쟁을 해결하고 싶어 하지 않는다. 그렇기 때문에 이 문제는 협상 당사자들이 양보하지 않으려 하고, 항상 합의하기 어려운 문제다.

이를 해결하기 위해 협상 당사자들은 서로에게 공평할 수 있도록 ADR을 선택하게 된다. ADR은 법원을 이용하지 않고 분쟁을 해결하는 방법으로서, 기본적으로 중재, 조정, 협상 등이 포함된다.

중재는 당사자들의 합의에 따라 제삼자(중재인 혹은 중재기관)에 맡겨 그 판단에 따르기로 하는 절차다. 법원은 3심제인 데 반해, 중재는 1심제를 채택하고 있어 시간과 경제 면에서 절약할 수 있고, 당사자의 합의에 따라 중재언어, 중재인, 기타 절차 등을 합의할 수 있다는 장점이 있다.

국제중재는 기본적으로 제3국에서 많이 이루어지며, 한중일의 경우에는 국제적인 법률제도가 발달한 홍콩, 싱가포르 등에서 중재를 하는 것이 일반화되어 있다. 중국과 거래를 할 때, 많은 사람들이 우려하는 것은 중국 법원에 대한 신뢰도다. 따라서 중국을 제3국으로 유인하는 것은 적합한 방법이라 할 것이다. 즉 조호리산의 지혜가 필요한 순간이다.

중재를 합의할 때는 우선 중재가 법적인 실효성이 있도록 구조를 잡는 것이 중요하다. 먼저 해당되는 국가들이 '뉴욕협약 가입국'인지 확인해야 한다. 뉴욕협약(New York Convention)은 1958년 뉴욕에서 채택된 해외중재판정의 승인 및 집행에 관한 유엔협약이다. 즉 뉴욕협약 가입국에 대해 중재 판결의 승인과 집행이 가능하도록 국제적인 제도를 만든 것이다. 다행인 것은 한중일 모두 뉴욕협약 가입국이다. 둘째는, 중재효력 문구('중재 판결은 계약당사자들에게 최종적인 법적 효력을 갖는다.')를 계약서에 삽입함으로써 추가적인 소송을 무력화하는 것이다.

〈표30〉 중재합의 요령

〈표30〉 중재합의 요령

조호리산의 지혜

1단계	분쟁 해결을 위해 법원 대신 중재를 선택
2단계	당사자 국인 뉴욕협약 가입국인지 확인
3단계	중재자로 제3국을 선택
4단계	중재효력문구 계약서에 삽입
5단계	중재관련 세부사항 당사자 간 합의

한편 조정은 중립적인 제삼자가 적극 개입하여 설득하고 타협안을 함께 모색하지만, 결정권한이 제삼자에게 없으므로, 당사자가 최종적으로 합의점을 도출해야 한다는 것이 중재와는 차이점이다. 협상은 물론 제삼자 없이 당사자들끼리 만나 문제를 해결하기 위해 노력하는 과정을 의미한다. 조정과 협상을 선택할 때도, 절차, 장소, 방법, 비용 등을 구체적으로 미리 정해 놓는 것이 바람직하다.

〈표31〉 ADR

조호리산의 지혜

중재 Arbitration	조정 Mediation	협상 Negotiation
제삼자가 당사자 사이에서 최종적인 결정	제삼자의 조정을 통해, 당사자가 최종 결정	제삼자의 개입 없이, 당사자들끼리 최종 결정

언어, 화폐 등 협상 내용에 대한 기준을 결정하라!

국제협상을 하다 분쟁을 경험하는 이유는 서로의 기준이 다르기 때문이다. 당사자들이 협상 내용(언어, 화폐·환율, 도량형, 회계, 기술, 검수 등)에 대한 기준을 명확히 세워야만 서로 오해를 줄일 수 있다.

언어를 예로 들어 보자. 중국과 일본이 협상을 할 경우 중국어, 일본어, 그리고 영어가 사용되는 경우가 많다. 서로 다른 모국어를 쓰는 사람들이 소통할 때 사용하는 제3의 언어를 링구아 프랑카라고 부르는데, 영어는 대표적인 링구아 프랑카다. 기본적으로 한중일과 협상을 할때, 그리고 비즈니스 문서 및 계약서를 작성할 때 모두 영어를 사용하는 것이 일반적이다.

이러할 때 영어로 협상과 모든 문서를 작성하면 될 것 같지만 사실 정부기관 제출, 은행 제출, 사내 보고 등의 목적으로 자국어 문서가 필요한 경우가 많다. 이때 자국어로 된 문서와 영어본의 번역이 다르거나 내용 자체가 다를 경우 분쟁의 소지가 된다.

따라서 이러한 경우를 방지하기 위해, 어떤 언어로 기준으로 할지 정해 놓는 것이 좋다. 일반적인 경우라면, 기준 언어는 영어로 하고, 다른 언어로 된 문서는 번역공증을 하는 방식이 일반적이다. 연장선상에서 계약서 등에는 다음과 같은 표현을 삽입하여 당사자 간 분쟁의 소지를 줄이는 것이 바람직하다.

"본 영어본, 일본어본, 혹은 중국어본 사이에 불일치한 경우에는, 영어본이 일본어본 또는 중국어본보다 우선한다."

협상 용어를 정의하라!

협상을 하다 보면, 한 당사자는 어떤 안건에 대해 합의를 했다고 하고, 상대방 당사자는 그 건은 아직 논의 중이고 합의가 이루어지지 않았다고 주장한다. 왜 이런 일이 발생할까? 그 원인 중 하나가 협상의 용어를 정의하지 않았기 때문이다. 다음 사례를 보면, 용어를 정의하지 않았을 때 발생할 수 있는 분쟁에 대해 알 수 있다.

협상 사례14 '영업일' 용어 해석에 대한 갈등

왕유플랜트는 중국의 플랜트 건설회사로서, 얼마 전 상하이 근교에 창고 건설공사를 수주하였다. 건설 공사 기간은 계약일로부터 3개월로 확정되었다. 후속작업으로 왕유플랜트는 필리핀의 타이온철골을 접촉하였다. 타이온철골은 조립형 경량철골을 생산하고 있는데, 이 경량철골을 사용하면 창고건설 단가를 낮출 뿐 아니라 공사 기간도 단축할 수 있는 장점이 있었다.

협상을 통해, 왕유플랜트는 경량철골을 수입하기를 원하여 구매계약을 체결하자고 하였다. 그러자 타이온철골은 구매계약은 필요 없고, 단순히 구매서만 보내 주면 된다고 하였다. 그러면 자신들이 구매서를 접수한 뒤, 20일 이내에 자재를 선적한다고 이야기해 주었다. 단, 다음과 같은 조건이 있음을 주지시켜 주었다.

– 수출된 경량철골은 중국 내에서만 사용 가능
– 수출된 경량철골은 중국 기업과 그 계열사만 사용 가능

20일이 지나, 자재가 선적되었는지 확인하기 위해 왕유플랜트는 타이온철강에 연락을 하였다. 이에 타이온철강은 오히려 당황하며 20일이 아직 안 되었는데 왜 전화했냐고

반문하였다. 타이온철강은 20일은 20영업일의 의미이며, 토요일과 일요일은 제외하고, 실제로 근무하는 날만 계산해야 한다는 것이다. 더군다나 20영업일 중간에는 필리핀의 명절과 휴일이 4일이나 포함되어 있어, 실제 선적이 이루어지기까지는 일주일 후에나 가능하다고 이야기하였다.

왕유플랜트는 결국 철골을 늦게 수입하게 되고, 실제 건설착수를 약 12일간 연기해야 했다. 그로 인해 미리 확보해 놓은 건설 기자재비, 인건비 등에 대해 중국 기업이 손해를 입게 되고, 왕유플랜트와 타이온철강은 치열한 법적 분쟁을 하게 되었다.

예를 들면, 위의 사례를 기준으로 영업일의 경우는 다음과 같이 정의되어야 한다.

> **영업일** 토요일, 일요일과 중국의 공휴일을 제외한 날을 의미한다.

정의되어야 하는 협상 용어는 각 협상마다 다르지만, 이를 연습하지 않으면 정의되어야 하는 용어를 찾기가 쉽지 않다. 위의 사례를 보면서 정의되어야 하는 용어를 함께 찾아 보도록 하자.

> 수입된 경량철골은 중국 내에서만 사용 가능
> 수입된 경량철골은 중국기업과 그 계열사만 사용 가능

단 두 개의 문장이지만, 여기에도 정의되어야 하는 용어들이 여러 개 존재한다. 예를 들면 다음과 같다.

노하우 38

MECE 요구에 따라, 당사자의 권한과 의무를 꼼꼼히 정하라!

협상 당사자 간에 갈등이 생기는 또 하나의 이유는 협상 이후 합의
된 권한과 의무가 명확하지 않을 때 발생한다. 예를 들면, 어떤 의무에
대해 누구에게 책임이 있는지 명시해 두지 않았거나, 어떤 권한 사항이
있는지가 합의사항에 빠져 있어 그 권한을 누릴 수 없을 때 등 그 이유
도 다양하다.

매킨지컨설팅에서 개발한 MECE는 이러한 갈등을 해결하는 데 효과
적인 수단이다. 즉 협상 당사자의 권한과 의무를 정확히 명시하는 데 큰
도움이 되는데, MECE는 다음의 내용을 가르쳐 주고 있다.

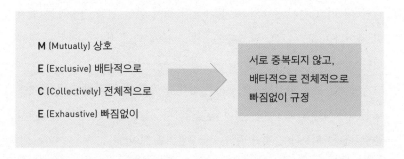

MECE의 지침을 따라, 권한과 의무사항을 명시하기 위해서는 다음
과 같은 절차가 필요하다.

첫째, 권한과 의무사항을 전체적으로 표로 나열한다.

비즈니스 체크리스트를 활용하면 전체적인 권한과 의무사항을 확인하기에 용이하다. (비즈니스 체크리스트 샘플은 16장을 참조하라.)

권한과 의무사항 항목들을 보기 쉽게 표로 만들라. 당사자들의 합의사항을 정리한 표를 텀시트(Term-sheet)라 부른다.

둘째, 권한과 의무사항이 빠진 것이 없는지 확인한다.

셋째, 권한과 의무사항이 중복된 것이 없는지 확인하다.

넷째, 권한과 의무사항을 각 당사자에 맞추어 배분한다.

다섯째, 권한과 의무사항이 명확한지, 의미가 불분명하여 오해의 소지가 없는지 다시 한번 확인한다.

노하우 39

상대가 장담한 것을 믿지 말고, 증빙서류를 요구하라!

협상을 하다 보면 갈등이 생기는 주요 이유는 상대의 말과 실제가 다를 때 나타난다. 상대의 말에 과장이 섞여 있어 실제 상황과는 현저한 차이가 나고, 사기를 당했다는 느낌을 받게 되면 심각한 갈등을 겪게 된다.

이러한 것을 방지하기 위해서는 상대가 말한 것을 적게 하고, 그것에 대한 증빙서류를 요구하는 것이 바람직하다. 아래 사례는 협상 과정에서 증빙서류는 확보하는 것이 얼마나 중요한지를 보여 준다.

협상 사례15 상대의 채무를 억울하게 책임지게 된 바자르건설

러시아의 바자르건설은 일본 삿포로 지역에서 건설공사 수주를 희망하고 있다. 이를 위한 전략으로, 삿포로 지역의 일본 건설회사인 AC건설을 인수하기 위한 협상을 진행하였다. AC건설은 소규모 건설회사로서 회사설립 후 몇 개 공사를 진행하고, 이후에는 전혀 실적이 없는 휴업 상태의 기업으로 알려져 있었다.

바자르건설은 협상 과정에서, AC건설이 최근 공사 관련하여 채무 혹은 채권관계가 있는지 문의하였다. AC건설은 최근 2년간은 공사 실적이 전무하여 채무나 채권은 거의 없다고 답변하였다. 너무 소규모 회사인지라, 바자르건설은 삿포로 지역 내에서 건설 라이선스와 실적을 확보한다는 마음으로 10만 달러에 AC건설을 인수한다.

AC건설 인수 후 몇 주가 안 되어 바자르건설은 여러 통의 편지를 수신하였다. 편지의 내용은 자신들의 기업은 AC기업의 건설공사 하청업체로서, 하청 용역대금을 지불해 달라는 요청이었다. 용역대금의 합계는 인수금액의 일곱 배에 해당하는 약 70만 달러였다.

바자르건설은 당황하여 AC건설의 전 대표이사에게 연락을 하자, 전 대표이사는 너무 태연하게도 바자르건설이 채무를 가져가는 조건으로 기업을 싸게 매각했다고 하는 것이었다. 결국 바자르건설은 소송을 하는 것을 검토해 보았지만, 승산이 높지 않고 비용도 많이 든다는 것을 판단하고 결국 미지불용역대금 70만 달러를 책임지게 되었다.

또한 협상 과정에서 서로간에 약속을 하는 경우에는, 약속이행 방법, 절차, 책임, 비용 등 다양한 것에 대해서도 구체적으로 합의하는 것이 바람직하다.

약속위반 시 처리방법을 사전에 합의하라!

만약 협상 과정에서 약속된 사안이 이행되지 않았을 때, 이에 대한 후속 처리를 어떻게 할 것인지 미리 정해 놓으면 좋다. 이를 위해 우선 어떻게 '치유'할 것인가를 정해 놓아야 한다. 예를 들면, 협상 과정에서 상대가 샘플을 두 주 이내에 보내주기로 하고 교육도 진행해 주기로 하였다. 그러나 이 약속이 지켜지지 않았다면 이를 '치유'할 수 있도록 일주일 더 연기해 주면서 이에 대한 패널티를 주는 방식이다.

물론 '치유' 기간 안에도 이를 해결하지 못할 시 협상 자체를 없던 것으로 하던지, 추가적인 패널티 혹은 손해배상을 청구하는 방식으로 갈등을 처리해야 한다.

단 상대가 약속을 이행하지 못하더라도 불가항력에 해당하는 경우에는 패널티를 면책해 주는 것도 미리 상의해야 한다. '불가항력'은 당사자들의 실수가 아닌 외부 원인으로 계약 불이행이 면책되는 것을 의미한다. 주로 자연재해로 제한되는 경우가 많으며, 경우에 따라서는 사회 요인도 불가항력으로 인정되기도 한다.

자연재해 지진, 화산 폭발, 태풍, 홍수, 가뭄 등
사회요인 법률적 제약, 정부정책 변경, 파업, 테러 등

이때 주의할 것은 각 내용에 대해 세심하게 고민하고, 이를 면책이 되는 불가항력에 포함시킬지 결정해야 한다. 예를 들면, 중국의 경우에는 정부의 영향력이 막강하고 관련 정책이 예측하기 어려운 경우가 많아, 중국과 협상 시에는 '정부정책 변경'은 불가항력에 포함시키지 않는 것이 좋다. 일본의 경우에는 노동조합이 발달하여 다양한 파업으로 일이 지연

될 수 있고, 지진 혹은 화산 폭발 같은 자연재해도 많은 편이므로 이를 불가항력에 포함시켜야 할지 다시 한번 고민해 보는 것이 바람직하다.

노하우 41

징벌적 손해배상의 적용 여부를 확인하라!

'손해배상'은 당사자들 중 일방이 이 계약서상의 의무를 위반함으로써 상대에게 손해를 입힌 경우 관련 손해를 배상하여야 한다는 규정이다. 문제는 직접 손해배상과 달리 징벌적 손해배상에 대한 적용이 국가마다 다르다는 데 있다. 징벌적 손해배상(Punitive Damage)은 가해자의 행위가 악의적이고 반사회적일 경우 실제 손해액보다 훨씬 더 많은 손해배상을 청구하는 경우다.

미국과 영국 등 영미법 국가들에서는 이를 적용하는 반면 대륙법 계통의 독일, 일본, 한국 등은 적용하지 않는다. 물론 한국도 최근에는 징벌적 손해배상제도 인정을 위한 논의가 활발하게 진행되고 있지만 아직 구체화되지는 못했다.

특이하게도 중국은 멜라민 분유 파동 이후 식품안전법 등에 징벌적 손해배상제도가 도입되었다. 특히 실손해금의 몇 배를 초과하지 않도록 규정하는 배수적 손해배상제도를 도입하여 그 한도를 명시하였다. 따라서 중국과 협상을 할 때에는, 논의되는 산업 분야에 징벌적 손해배상이 적용되는지 확인할 필요가 있다.

한국, 일본	징벌적 손해배상제도 없음 (단 최근 소수 분야 적용 시도)
중국	징벌적 손해배상제도 부분적으로 있음 (배수적 손해배상제도 포함)

중일 기업의 법인 인감을 확인하라!

'서명'에 대해, 국가마다 적법한 서명 방법이 다르다는 것을 인지해야 한다. 즉 협상 회의록, 합의문, 계약서 등이 법적인 효력을 갖기 위해서는 서명이 적법하게 이루어져야 한다.

이를 위해 미국에서는 권한을 가진 자가 서명을 하는 것이 일반적이지만, 한중일은 모두 법인 인감을 사용하는 것이 일반적이다. 한국은 회사 등기부등본 상 대표이사의 서명 및 인감증명서 상 법인 인감 날인이 적법한 방법이라면, 중국과 일본의 경우는 다음의 절차를 통해 날인절차를 마무리해야 한다.

우선 적법한 법인 인감이 날인되었는지 확인한다.

법인 인감의 적법성을 해당 정부에서 확인한다.

공증을 통해 적법성 문제를 최소화한다.

중국의 법인 인감은 기본적으로 다섯 가지가 존재하는데, 협상 회의록을 법률적으로 유효하게 만들고 싶거나, 비즈니스 계약을 위해서는 '공장' 혹은 '계약전용장'이 날인되어야 한다.

공장(公章) 기업이 대외적 문서에 사용하는 인감으로 공문, 계약서 등에 사용됨.

계약전용장(合同專用章) 계약 체결을 위해 사용되는 인감. 계약전용장이 없는 경우에는 공장을 사용해도 무방.

법인대표장(法人代表人章) 보통 은행 업무에 사용되며, 법정대표의 성명이 기재된 인감.

재무전용장(財務專用章) 주로 기업의 회계담당이 사용하는 인감으로, 입출납 및

은행수표 등을 발행할 때 사용되는 인감

세관전용장(海關專用章) 세관에서 업무를 처리할 때 사용되는 인감.

한편 일본의 경우에는 세 가지의 법인인감이 기본적으로 존재한다.

실인 회사설립 시 법무국에 등록되는 인감으로, 공식 문서에 주로 사용됨. 경우에 따라서는 대표자인, 환인 등으로 불리기도 함.

은행인 은행 업무에 사용되는 인감.

각인(사인) 비즈니스 과정에서 일반적으로 사용되는 인감으로, 견적서, 청구서 등 상대적으로 중요성이 떨어지는 문서에 사용.

금선탈각(金蟬脫殼)과 비즈니스 협상

16

투자 성격	협상 요소		참고 사항	당사자 합의
전략적 투자 (SI)	소유권	기업명칭	상표, 상호 등록 확인 중국: 회사명 사용 불가 단어 확인	
		지분배분	지분의 배분 비율, 주식의 종류, 주식발행 방식 등 확정	
		현물 가치평가	홍콩 (자율적 가치평가)	
		실적달성 보상	실적달성과 관련한 스톡옵션, 콜옵션 등 활용	
	운영권	이사 선임	이사 수와 선임비율	
		대표이사(동사장)	대표이사 선임, 임기, 연임	
		경영자치권	대표이사 경영자치권	
		기타 경영진	COO/총경리, CFO, CTO 등	
재무적 투자 (FI)	견제권	감사 선임	감사선임 및 감사권한	
		(회계)문서 접근	회계장부 및 계좌 접근 권한	
		극다수투표	이사회 3분의 2 투표 항목 결정	
		다양한 견제 가능한 조건들	우선매수권, Tag Along, Drag Along 등	
	수익권	배당	배당시점, 조건, 비율 결정	
		인센티브	인센티브 기준 및 비율 결정	
		사내유보금	사내유보금 기준 및 비율 결정	
	출구전략	자동 계약해지	자동 계약 해지요건 확정	
		조건부 계약해지	조건부 계약 해지요건 확정	
		풋 옵션(Put Option)	풋 옵션 조건 결정 (주식을 만기일 혹은 이전에 미리 정한 가격으로 살 수 있는 권리)	
		소득 자국송금	중국은 홍콩을 통해 송금	
		자산배분	계약해지 시 자산배분 방식 결정	

국제 비즈니스는 다양한 형태가 존재한다. 그러나 국제적으로 무엇이 이동하느냐에 따라 비즈니스의 종류를 구분해 보면, 아래와 같이 네 가지 분류로 요약될 수 있다.

〈표32〉 비즈니스의 종류

국제적 이동내역	국제적 비즈니스 종류
자본의 이동	합작사업, 투자, M/A (인수합병) 등
지재권의 이동	기술이전, 라이센싱, 가맹사업(프랜차이즈) 등
물품의 이동	수출, 수입, 독점판매 등
용역의 이동	엔터테인먼트, 건설, 금융, 법무, 컨설팅 등

중국과 일본은 큰 시장이다. 2018년 기준으로 중국이 12조 달러로 세계 2위, 일본이 4조 8000억 달러로 세계 3위를 차지하고 있다. 시장 규모도 규모이지만 잠재력 면에서는 타의 추종을 불허한다. 중국은 2018년 14억 명이 넘는 세계 1위 인구와 높은 경제성장률을 보이고 있고, 일본도 세계 11위의 인구수를 자랑하고 있다. 특히 중국 중심의 RCEP(역내포괄적경제동반자협정)과 일본 중심의 CPTPP(포괄적·점진적 환태평양경제동반자협정) 등 다자통상 협상이 이루어지고 있어 거대 경제권이 탄생할 가능성도 농후하다.

이러한 흐름 속에 많은 기업들이 중국 혹은 일본 기업들과 다양한 비즈니스를 하게 되고, 그 과정 속에서 협상을 하게 된다. 이때 제공된 매뉴얼(체크리스트)을 활용하여 협상을 하면 많은 장점이 있는데, 정리하면 다음과 같다.

협상의 안건을 발견할 수 있다.
상대의 협상 우선순위를 알 수 있다.
상대의 협상 전략을 예측할 수 있다.
큰 실수 없이 협상을 진행할 수 있다.

항상 각 계약에 대한 매뉴얼(체크리스트)을 사전에 확보하고, 그 매뉴얼을 기반으로 협상에 임하는 것이 바람직하다. 그러면 중요 안건을 빠뜨리고 협상을 하는 실수를 범하지도 않고, 상대의 우선순위와 전략을 어느 정도 간파할 수 있게 됨으로써 협상 성과에도 영향을 미치게 된다.

위에 언급된 장점들이 실제로 어떻게 드러나는지를 보여 주기 위해 '합작 협상'의 사례를 소개해 보도록 하겠다. 다양한 비즈니스 중 '합작 협상'을 선택한 이유는, 최근 중국 혹은 일본과 비즈니스를 하면서 가장 많이 활용되는 비즈니스의 형태이며, 글로벌 사업가들이 가장 관심 있어 하기 때문이다.

기본적으로 합작사업은 관련 기업을 인수(M&A)하는 것보다 신규 사업을 시도할 때, 기존 사업을 확대할 때, 또는 신규 지역에 진출할 때 유리한 것으로 드러났다. M&A와 비교하면 그 장점은 쉽게 드러난다. M&A의 단점은 필요하지 않은 부분까지 인수하게 될 가능성이 있고, 인수 경쟁이 치열한 경우에는 높은 가격에 인수하는 경우가 많으며, 인수 후 핵심 인력들이 빠져나가는 경우도 많은 것이다.

그러나 합작사업은 비용 절감, 위험 분산, 고객망 확대, 신규 기술 개척 등 많은 부분에 장점을 갖고 있다. 중국과 일본을 잘 모르더라도 현지 파트너를 통해 그러한 노하우를 공유할 수 있기 때문에, 관계만 좋게 유지된다면 가장 좋은 방법론이 될 수 있다.

노하우 43

투자 목적을 알면 협상 안건과 우선순위가 발견된다!

합작 협상은 '자본의 이동'을 기반으로 하고 있으며, 다음 다섯 가지 계약 요소로 구성되어 있다.

소유권 기업의 주인으로서 회사의 존폐 등에 관련된 중요 문제 결정

운영권 관리·경영 등 회사 제반 사항에 대한 결정

견제권 회사 관리·경영에 대한 감시

수익권 배당 등을 통한 수익배분

출구전략 계약 당사자들이 헤어지기 위한 방법 및 전략

　다섯 가지 합작사업 요소는 다양한 하부 항목으로 구성되어 있다. [매뉴얼15]가 기본적인 하부 항목들을 정렬해 놓았다. 즉 합작협상을 하는 당사자들이 협상 시 반드시 다루어야 할 안건들이다.

　그런데 투자자들의 성격에 따라 관심을 두는 계약 요소는 다르다. 왜냐하면 투자의 목적이 다르기 때문이다. 합작사업에는 투자의 목적에 따라 두 종류의 투자자가 있다. 첫 번째는 투자되는 회사의 소유와 운영을 목표로 하는 전략적투자자(SI)이고, 두 번째는 투자를 통해 수익을 창출하려는 재무적투자자(FI)다.

전략적투자자(SI: Strategic Investor): 투자를 통해 기업을 소유하고 운영할 목적

재무적투자자(FI: Financial Investor): 투자를 통해 이익을 얻으려고 하는 목적

　SI와 FI는 기본적으로 투자의 목적이 다르기 때문에, 계약 요소들에 대한 관심도 역시 다를 수밖에 없다. 즉 SI는 소유권과 운영권에 대한 관심을 보이고, FI는 견제권, 수익권, 출구 전략 등에 자연스럽게 관심을 보인다.

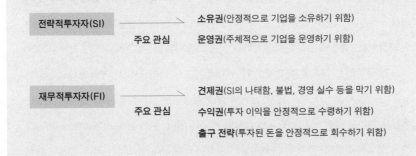

〈표33〉 SI/FI의 주요 관심

전략적투자자(SI)	주요 관심	소유권(안정적으로 기업을 소유하기 위함)
		운영권(주체적으로 기업을 운영하기 위함)
재무적투자자(FI)	주요 관심	견제권(SI의 나태함, 불법, 경영 실수 등을 막기 위함)
		수익권(투자 이익을 안정적으로 수령하기 위함)
		출구 전략(투자된 돈을 안정적으로 회수하기 위함)

이를 다른 측면에서 설명하면, 합작협상을 할 때에는 상대가 SI 혹은 FI인지만 파악하면 그의 주요 협상 안건과 우선순위를 발견할 수 있다는 의미다. 즉 SI의 주요 안건과 우선순위는 소유권과 운영권에 관한 것이고, FI의 주요 안건과 우선순위는 견제권, 수익권, 출구 전략에 관한 것이 될 것이기 때문이다.

이는 곧 그들의 협상전략과도 연관되게 된다. 예를 들면, 만약 SI가 협상 초기에 감사선임권을 자신들에게 달라고 한다면 이는 미끼협상전략일 가능성이 높다. 왜냐하면 감사선임권은 견제권에 속한 내용이고, 이는 SI보다는 FI가 획득 희망하는 안건이자 우선순위이기 때문이다. 이를 SI가 먼저 이야기했다는 것은, 감사선임권을 진짜 원하는 것이 아니라 단순히 미끼로 사용하여, 자신들이 진짜 원하는 소유권과 운영권의 내용들을 확보하려는 술책일 가능성이 높다는 것을 알 수 있다.

금선탈각(金蟬脫殼)은 '매미가 허물을 벗는다.'는 뜻이다. 금선은 매미, 탈각은 곤충의 변태를 의미한다. 적군이 압도적으로 강하여 패전이 너무 쉽게 예상될 때, 소리 없이 후퇴하여 재정비하고 후일을 도모하는 전략이다. 남송의 필재우 장군의 전략이 대표적인 사례다. 남송과 금나라는 대치를 하고 있었다. 안타깝게도 금나라 군대가 계속해서 증원되어 남송 군대의 수를 압도하게 되자, 남송의 장수 필재우는 고민하게 된다. 결국 필재우는 후퇴를 하기로 결심하고 이에 대한 전략을 세우게 된다. 우선 남송 진영의 북소리가 그치지 않도록 하였다. 특히 군의 위치를 변경하여 배치하여 북소리가 여러 곳에서 들리도록 하였다. 이는 우선 금나라 군에게 위세를 보이는 것이고, 한편으로는 남송 군대의 사기를 높이기 위함이었다.

그리고 필재우는 장수들을 은밀히 소집하여, 철수 건을 상의하고 자신의 계획을 알려 주었다. 우선 장수들이 각 부대로 돌아가 사병들에게 모든 군기들을 천막 꼭대기에 내어 걸게 하고, 또한 사병들에게 양과 북을 최대한 많이 구하도록 하였다. 날이 저물 즈음, 필재우는 준비한 양들을 나무에 거꾸로 매달고 앞 두 발이 북에 닿도록 하였다. 그리고 각 군대는 철수를 시작하도록 명하였다.

남송의 군대가 철군을 시작할 때, 거꾸로 묶인 양들은 견딜 수가 없어 발버둥을 쳤고, 앞 발로 격렬히 북을 때리게 되었다. 이 소리를 들은 금나라는 남송 군대의 깃발이 나부끼고 북이 세차게 울리는 것을 보고, 군대를 재배치하여 다시 공격할 계획을 세우게 된다. 결국 수일 후 남송의 군대가 모두 철수하고 없음을 알게 되었지만, 이미 때가 늦었다.

노하우 44

출구전략(헤어지는 방법)을 통해 금선탈각하라!

비즈니스 협상을 시작할 때, 대부분의 사람들은 기대감에 부풀어 비즈니스를 어떻게 기획할까에 집중하게 된다. 그러나 숙련된 협상가는 '비즈니스 종료'에 대해서도 숙려하여, 관련된 내용도 협상 안건에 포함시키는 지혜를 발휘한다. 더군다나 합작사업의 경우 더욱 헤어짐에 대한 준비가 중요하다.

매킨지의 연구 결과에 따르면, 일본 등에서 1990년대 초반에 이루어진 국제합작사업의 절반 정도가 성공을 거두었고, 대부분의 합작관계의 기대수명은 무척 짧았다.[24] 즉 헤어짐을 항상 염두에 두어야 한다는 것이다. 이유는 국제적 거래에서는 이질적인 문화(상관습 포함), 언어, 행정, 법률 체계를 이해하는 것이 쉽지 않고, 다양한 정치적·정책적 변수가 존재하기 때문이다.

출구 전략을 위해 무엇을 준비해야 하는가? [매뉴얼15]는 아래 네 가지에 대해 상대와 미리 협상을 하여 관련 내용을 명확히 하라고 요구하고 있다.

〈표34〉 출구전략 준비항목

출구전략	내용 및 예시
자동 계약해지 요건	'회사가 사업을 중단하는 경우' 혹은 '회사가 청산을 하는 경우'와 같이 자동계약해지 요건을 명시
조건부 계약해지 요건	'몇 년 이내에 매장을 개점하지 못할 경우' 등과 같이 조건부 계약해지 요건을 명시
풋 옵션	'몇 년 이내에 매출 얼마를 달성하지 못할 경우, 풋 옵션 행사 가능' 등과 같이 행사 요건을 명시
자산배분	회사 청산 혹은 계약 해지 시 자산배분 원칙에 대한 명시

협상 사례16 출구전략을 만들지 않는 티몰커피

캐나다의 티몰커피는 일본에 진출하기 위해 일본의 아롬커피와 협력하여 합작회사를 만들었다. 합작회사는 티몰커피가 지분 49퍼센트, 아롬커피가 지분 51퍼센트를 소유하기로 합의하였다. 아롬커피에 전략적파트너(SI) 위치를 양보한 이유는, 아롬커피가

---

24 J. Bleeke and D. Ernst (eds), Collaborating to Compare: Using Strategic Alliances and Acquisitions in the Global Marketplace, John Wiley & Sons, 1993, pp. 18.

일본 커피시장에 대한 노하우가 풍부할 것이라고 생각했기 때문이다.

티몰커피는 아롬커피와 함께 세운 합작회사에 자신들의 티몰키피 브랜드를 일본 내에서 판매할 수 있는 독점권도 함께 주었다.

그러나 계약 이후 안타깝게도 아롬커피는 새로 설립된 합작사업에 대해 열정을 보이지 않았다. 아롬커피는 티몰커피와의 합작 소식을 이용해 자신들의 브랜드 이미지를 높이는 데 열중하고, 정작 합작회사 사업확장에 대해서는 크게 관심을 갖지 않았던 것이었다.

아롬커피의 불성실한 태도에 화가 난 티몰커피는 이에 대해 항의했지만, 아롬커피는 합작회사 운영은 자신들의 소관이므로 참견하지 말라며 대화를 일축해 버렸다.

위의 협상 사례에서 볼 수 있듯이, 티몰커피가 일본에 투자를 하고 일본 회사와 합작회사 설립 협상을 시작할 때, 출구전략에 대한 내용을 포함시켜야 했다.

예를 들어 티몰커피가 다음과 같은 조건으로 투자를 했다고 하면, 아롬커피가 합작회사 사업에 대해 어떻게 대응했을까를 생각해 보라.

[계약조건]

1) 아롬커피는 자율적 운영권을 가지고, 다음의 실적을 달성해야 한다.
  - 1단계: 계약 후 3년 이내에 최소 점포 열다섯 개(직영기준)를 개점하고,
  매출 300만 달러 그리고 영업이익률 10퍼센트를 달성한다.
  - 1단계: 계약 후 5년 이내에 최소 점포 서른 개(직영기준)를 개점하고,
  매출 700만 달러 그리고 영업이익률 15퍼센트를 달성한다.
2) 상기 실적을 달성하지 못한 경우에는, 티몰커피는 계약을 해지할 권한을 가지며,
  풋 옵션을 행사하여 투자한 자본을 회수할 권한을 갖는다.

아롬커피는 점포 개점 수, 매출, 영업이익률 달성에 대한 목표가 생기고, 그것을 달성하지 못한 경우에는 출자된 자본을 돌려줘야 하는 부담이 생긴 것이다. 따라서 아롬커피는 적극적인 영업과 경영을 통해 실적을 내기 위해 최선을 다하게 되고, 티몰커피는 비즈니스 리스크를 감소시키는 효과를 얻게 되는 것이다.

또 하나의 사례를 보면, 출구전략 없이 독점 라이선싱을 주는 것이 얼마나 큰 실수인지를 보여 준다.

협상 사례17 출구전략 없는 독점 라이선싱 계약

영국 미용 브랜드에 중국 미용업체가 접근하였다. 협상 과정에서 중국 미용업체는 자신들이 중국에서 상당한 미용산업 노하우와 네트워크가 있어, 사업을 신속하고 크게 성장시킬 수 있다고 자랑을 하였다. 영국 미용 브랜드는 중국 미용업체가 이야기한 내용에 대해 신뢰를 가지고, 중국 미용업체에 중국시장 전체에 대한 독점라이선스를 20년간 제공하기로 하였다. 단 처음에 내는 로열티는 없고, 점포에서 매출이 나오면 그 매출의 1퍼센트를 로열티로 지급하기로 하였다.

그러나 독점 라이선스 계약이 체결된 뒤, 중국 미용업체의 실적은 너무 미진하기만 하였다. 3년 동안 단 한 개의 매장을 개점하였고, 매출도 너무 낮은 수준이어서 거의 로열티를 받지 못했다. 한마디로 자본력, 인력, 네트워크 모두 실망스러운 수준이었다. 영국 미용 브랜드는 강하게 비판하였지만, 중국 미용업체의 계약조건을 변경해 줄 의사가 없어 보였다. 왜냐하면 자신들은 영국 미용 브랜드와 라이선스 계약을 맺음으로써 신뢰도가 상당히 높아졌기 때문이다.

영국 미용 브랜드는 중국업체와 협상을 하고 계약을 할 때, 출구전략을 사전에 논의했어야 했다. 예를 들면, 처음에는 베이징만 독점 라이선스를 주고, 3년간 정해진 실적(매장 수, 매출, 영업이익률 등)을 달성하면 점점 지역을 넓혀 주고, 그렇지 않으면 계약을 해지하는 방법을 택했어야 했다.

중국과 협상 시에는 홍콩을 이용하여 금선탈각하라!

합작사업을 고려하는 기업들은 일본보다는 중국과의 거래에 대해 좀 더 많은 우려를 표명한다. 중국에 투자했다가 실패한 많은 기업들의 사례를 들어 왔기 때문이다. 대부분이 중국 투자에 대한 노하우를 갖지 못하여 나타난 현상인데, 우려하는 주요 내용은 다음과 같다.

중국 파트너를 신뢰하기 어렵다

중국 법원을 신뢰하기 어렵다

중국 내 투자된 자본을 안정적으로 회수하기 어렵다

중국 내 수익을 외국으로 송금하기 어렵다

이를 해결하기 위해서는, 홍콩을 통해 우회로 중국 투자를 하는 것이 좋은 방법 중 하나다. 즉 홍콩에 합작회사를 세우고, 그 회사가 다시 중국에 자회사를 설립하는 방식이다. 단 홍콩 합작회사가 중국 자회사를 설립할 때는 최소 자본금만으로 회사를 설립하고, 나머지 필요 자금은 필요할 때마다 대출해 주는 방식을 취한다.(단 법률이 허용하는 만큼 가능하다.)

또한 홍콩 합작회사와 중국 자회사 간 계약을 통해 홍콩 기업이 비용을 쓰고 용역 대가를 받는 방식을 취한다.(단 법률이 허용하는 만큼 가능하다.) 예를 들면, 용역계약을 통해 인력도 홍콩 합작회사 파견해 주고, 인력비를 매달 회수하는 방식이다.

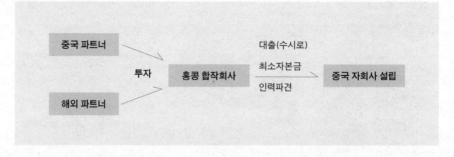

이러한 방식을 취하게 되면 다음과 같은 장점을 갖게 된다.

중국 자회사에 대출해 주었기 때문에 홍콩 합작회사로 회수하기 쉬움

용역 대가를 홍콩 합작회사가 수시로 받을 수 있음

중국 자회사의 배당은 홍콩 합작회사에 지급

홍콩에서 자국으로의 송금은 자유롭게 할 수 있음

홍콩에서의 중재는 국제적으로 신뢰를 얻고 있음

홍콩에서의 중재 판결은 뉴욕협약에 의해 중국 법원에서도 인정

홍콩은 현물 가치평가를 당사자들이 자유롭게 결정 가능

(중국은 현물 가치평가를 정부가 인정한 평가기관이 결정함)

즉 위에 언급되어 있는 많은 우려들이 사라지게 되는 것이다. 따라서 협상 시 홍콩에 합작회사를 설립하는 것에 대해 논리적이고 설득력 있게 상대에게 주장하는 것이 중요하다.

3부

협상과
문화

한중일 협상은 문화적으로 보면 어떤 차이를 갖고 있을까? 중국에 관시가 있다면 한국에는 '의리'가 있다. 일본에 남에게 은혜를 입으면 꼭 보답해야 한다는 부담의 '온'이 있다면, 한국에는 오래 소통한 사람과 물건에 대해 느끼는 이성적으로 설명할 수 없는 깊은 '정'이라는 정서가 있다. 중국에 외세 침입에 대한 피해보상 심리가 서린 '궈칭(國情: 국가를 사랑하는 마음)'이 있다면, 한국에는 대인 관계에 풀지 못한 마음의 앙금이 쌓이거나 과거 외세의 침략에 대한 '한'이라는 피해의식이 있다.

이와 같이 중국 일본 한국 모두 유교권이라는 공통의 문화 유산이 있지만 한국의 문화는 일본이나 중국과는 조금 다른 문화적 양상을 나타낸다. 중국은 유교가 중국인의 철학 등 주변 가치로 그 영향력이 약화되었다면, 일본에서는 유교를 뿌리로 하는 '기리(義理: 은혜에 대한 보답)' 혹은 '와(和: 조화)'가 일본의 중요한 가치관을 형성한다. 반면 한국의 유교는 '유교적 역동성(Confucian Dynamics)'으로 특징지어진다. 한국에서 유교의 가치관은 현대의 변화에 적용시켜 순발력과 역동성이라는 독특한 양상을 만들어 낸다. 일본이 '국화와 꽃'이라는 양면성이 있다면, 한국은 농경 문화적인 집단 문화의 특징을 드러내면서도 한국 경제의 세계화 과정에서 드러낸 철저한 개인주의적 성향도 있다.

뿌리는 같다고 해도 서로 다른 모습의 꽃을 피워 내듯 한중일 간 문화적으로 유교와 집단주의 등 공통 요소가 있으면서도 실제로는 협상 문화가 다른 모습을 띠는 경우가 많다. 예컨대 집단주의적 문화인 일본의 경우 한 조직의 상하 조직 전체가 의사 결정에 단계적으로 참여하는 '링기(稟議: 회의해서 결정함)'라는 독특한 의사결정 체계를 따르고 있어서, 의사 결정 과정에 단계별로 기업 내 모든 레벨의 매니저들이 참여한다. 그래서 의사 결정이 느리고 신중하지만 일단 합의된 사항을 행동에 옮길 때는 정확하고 신속한 경향이 있다.

반면 한국 기업의 경우 일반적으로 톱다운(Top-down) 의사 결정력의 메커니즘이 작동해서 윗선에서 상사가 결정해 밑으로 '하달된 명령'을 따른다. 빠른 융통성을 보이고 상황에 따라 기밀하게 순발력을 보이는 장점이 있는 반면, 전문성과 다양성을 갖춘 의사 결정 시스템이 허술한 관계가 그 허점을 드러내기도 한다. 중국의 경우 협상 전면에 나서지 않으면서 협상 과정을 원격 조정하는 정치 세력이 주요 의사 결정자의 역할을 한다.

3부는 독자들에게 중국과 일본을 깊이 있게 볼 수 있는 인문학으로 초대한다. 그들의 역사, 문화, 구성원의 특성이 그들의 협상에 어떻게 영향을 미쳤는지 알 수 있게 한다. 이는 중국과 일본 협상스타일에 대해 좀 더 입체적으로 보게 할뿐 아니라, 그에 상응하는 협상전략을 구상하는 데에도 도움이 될 것이다.

중국문화와
협상

중국 협상,
암호의 해독 과정?

17

오늘날 중국의 비즈니스 문화는 거대하고 역동적인 전환점의 소용돌이 속에 서 있다. 한마디로 특징지어 말할 수 없을 정도로 중국 비즈니스 문화와 협상은 여러 가지 역사, 정치, 사회, 문화, 경제 등 씨실과 날실이 복잡하게 얽혀 돌아가고 있다. 중국은 정치적, 외교적으로 하나의 국가임에 틀림없으나, 경제적인 측면에서는 이미 하나의 국가가 아니다. 지방별로 존재하는 독특한 문화와 지방분권주의도 경제에 영향을 미친다. 중국은 적어도 대여섯 개의 지역으로 나누어 보아야 한다. 그러기에 수십 년 중국과 비즈니스를 해 왔는데도 중국은 여전히 알 수 없는 것이 너무 많고, 중국 사람을 어디까지 믿어야 하는지 알 수 없다고 토로하는 외국인 협상가들이 많다.

그만큼 중국인과 협상하는 외국인은 중국인의 협상 스타일의 일정한 패턴을 그려 내기가 쉽지 않다. 중국인은 교묘한 책략을 사용하며 공세를 펴는 공격적 협상가(hard bargainer)가 되기도 하지만, 반면 협상 뒷전에서 '조화'와 '협력'을 구하는 '따뜻한 주인(soft host)'으로 변신하기도 한다. 협상 전면에서는 끊임없는 질문으로 상대방을 몰아세우며 긴박함을 조성하면서도, 협상 과정에서 지루한 밀고 당기는 작업을 언제까지 해야 할지는 '만만디'라는 중국인의 시간 단위로 외국인을 지치게 한다.

외국인과의 협상을 할 때는 전면에 '중재가'가 나서서 중국인과 외국과의 연결 고리 역할을 하면서, 협상 뒷면에서는 수많은 보이지 않는 '의사 결정자'들이 교묘히 정치적으로 협상 과정을 조정하기도 한다. 관시(관계, 연줄)를 중요시하고 '조화'를 추구하면서도 자기와 상관없는 일에는 나서지 않는다. 그래서 서양 협상가는 중국인 협상가를 비효율적이고 간접적으로 표현하고, 정직하지 않다고 여기는 경우가 많다. 반면 중국은 서양 협상가를 공격적이고 비인간적이고 신실하지 않다고 여기는 경우가 많다. 외국인들은 중국과 협상하면 베일에 가린 의사 결정 과정, 법이 통하지 않는 불확실성, 외국인 불신 등 난관에 봉착하게 된다. 그래서 중국과 처음 협상을 하는 외국인에게 중국인과의 협상 현실은 마치 낯선 정글에 끌려와 복잡한 미스터리를 하나씩 풀어 가는 암호 해독 과정과 같다고 이야기하기도 한다.

인내, 조화, 그리고 전투

18

중국은 4대 문명의 발생지다. 중국의 문화적 유산은 중국의 자랑이자 중국을 이끄는 힘이 되어 온 것이 사실이다. 이러한 문화적 유산은 서로 다른 민족을 중국이라는 국가적 틀에서 하나로 묶어 주는 힘이 되었다.

중국의 문화적 유산은 유교와 도, 그리고 중국 고전이 그 중심축을 이루고 있다. 이러한 세 개의 뼈대는 2000년 동안 중국 사회를 움직여 왔고, 현재 중국 비즈니스 행동의 핵심 가치 시스템으로 자리 잡고 있다.

결과적으로 현대의 중국 협상가에게 '인내심(유교)', '조화(도)', 그리고 '생존을 위한 전투(삼십육계, 손자병법)'와 같이 이질적인 특성이 동시에 나타나게 되었다. 중국 협상가들이 따뜻하다가도 공격적으로 변하는 모습을 도무지 납득할 수 없었던 이유도 앞의 요소들이 톱니바퀴처럼 움직였기 때문일 것이다.

도(道)에서 가르치는 상대와의 조화를 추구하면서도, 상대를 속이고 기만하는 전략을 사용하는 것 역시 당연시되는 것이 중국의 협상 스타일이다. '만만디'라며 천천히 협상을 진행할 것이라고 생각했지만, 전투적으로 강하게 주장하는 것이 중국 협상의 특징이기도 하다. 중국의 문화유산을 이해하지 못한다면 이러한 이질적인 협상 스타일을 파악하는 것은 거의 불가능에 가깝다.

귀칭(Guo Qing) 정신

19

중국인들의 협상 스타일은 때로는 강하다. 상대 협상가를 몰아붙이기도 하고, 적대적으로 돌변하기도 한다. 이런 협상 태도를 가진 중국협상가들의 중심에는 귀칭(國情(Guo Qing): 국가를 사랑하는 마음)이 자리잡고 있다.

중국인과 외국인 사이의 협상에 많은 영향을 미치고 있는 귀칭 정신에는 19세기와 20세기에 걸쳐 외세의 침략과 약탈로 인한 경제적, 사회적 손실로 중국인들의 마음속 깊이 자리 잡은 트라우마(한)가 서려있다고 한다.[25] 미국인들이 '자유를 수호하는 미국'이란 자부심을 갖고 미국을 사랑하는 것과는 차이가 있다.

기원전 200년 로마가 당시 유럽 세계를 향한 개방의 도로를 닦고 있을 때 중국은 외부 침략으로부터 스스로 고립시키기 위해 만리장성을 쌓았다. 기원전 40년 로마 황제 클라우디스가 4만 명의 군대를 이끌고 영국에 도착했을 때 당시 중국은 도덕 윤리와 대인 관계의 지침서라 할 수 있는 유교를 받아들이고 있었다. 기원후 313 로마 황제 콘스탄티누스가 기독교를 공인하였을 무렵에는 기원후 377년 인도에서 전래된 불교가 중국에 퍼지기 시작했다.

이렇게 서로 평행선을 그리던 중국과 서구의 힘의 균형이 서구 쪽으로 기울기 시작한 때는 18세기, 19세기였다. 이 시기 영국 제국이 전성기를 누리고 있을 때 중국은 만주족, 즉 외국인의 지배를 받고 있었다.(기원

---

25 Ghauri & Fang(2001). The Chinese Business Negotiation Process: A Socio-Cultural Analysis.

후 1616-1912년 청나라 시대) 당시 영국 제국은 중국에서 비단, 차, 도자기를 수입하고 인도에서 들여온 아편을 중국에 팔고 있었다. 아편 중독으로 피해가 심해지자 청 정부는 아편을 금지하는 한편, 1838년에 아편을 실은 배에 들어가 아편을 모두 몰수하여 바다에 던져 버린다. 이를 빌미로 1차 아편전쟁이 일어나게 되고, 1858년에 2차 아편 전쟁이 일어나, 그 결과 중국은 홍콩을 영국에 넘겨주고 네 개 항을 개항하게 된다. 1860년 영국과 프랑스 군인들이 베이징에 입성하면서 중국의 고성을 약탈했다.

이러한 서구 침입의 역사의 결과로 중국인은 외국인을 불신하게 되었고, 중국인이 외국인과 협상할 때는 중국의 국가적 정서에서 비롯한 경성입장 협상(협상을 전쟁, 게임으로 인식하여, 협상에 승자와 패자가 있다는 접근이다.)을 하게 된다. 중국인은 외국인과 협상할 때 외국인이 그들 중국인 조상에게 진 빚을 (협상을 통해) 갚게 하는 기회라고 여기기도 한다. 한편 경제적, 사회적 개발이 서양에 비해 뒤처진 것을 과학기술 분야에서 빨리 따라잡아야 한다는 조급함이 있기 때문에, 협상에서 서양 기업에 기술 이전에 대한 요구를 강하게 주장하기도 한다.

협상의 보이지 않는 손, 중국정부 20

'귀칭'은 1949년 중화인민공화국의 건국 이래 중국을 이끌고 있는 현대 사회적, 제도적 힘이다. 귀칭은 여러 가지 변수로 구성되어 있는데 주요 변수는 정치다. 중국은 공산당을 집권당으로 하는 사회주의 국가다. 중국의 정치는 중국인의 모든 인생에 막대한 영향력을 미치고 있다. 즉 중국 비즈니스와 정치는 분리될 수 없다.

중국의 경제 구조는 본질적으로 강력한 정부의 통제를 받고 있는 중앙집권식이다. 중국의 기업은 독립적인 경제 실체가 아니며, 오히려 중국 정부가 '가장 높은 사장'이고 중국 기업은 '공장'이다. 법적인 틀은 아직 미숙하고 안정되어 있지 않다. 이런 이유들이 맞물려 중국의 독특한 귀칭이라는 비즈니스 협상문화의 한 틀을 형성하고 있다. 즉 강력한 사회주의 정부의 중앙 통제를 받고 있는 중국 기업은 미숙하고 불안정한 법의 통치권에서 벗어나 있다.[26]

귀칭은 비즈니스의 보이지 않는 손의 모습으로 중국인과의 협상 과정에서 나타난다. 중국의 계획 경제 시스템은 꽤 경직되고 수직적인 행정 구조를 유지하고 있다. 중국 기업들은 현지 정부, 지방정부, 중앙정부의 다양한 혼합의 통제 아래 움직이고 있다. 이러한 다단계 권력은 이들 간의 경쟁체제를 만든다. 예를 들면, 자원과 규제 보호를 위해 서로 경쟁하고 있기 때문에 때로는 규율과 규칙 간 상충되는 해석이 생길 수 있고, 해외 파트너와 사업을 하는 중국인 기업이 이로 인해 어려움에 봉착할

---

26 James K. Sebenus & Cheng (Jason) Qian(2008). Cultural Notes on Chinese Negotiating Behavior, Harvard Business School.

수도 있다.

이러한 다층적인 행정 구조로 인해 중국 기업에는 수많은 잠재적, 혹은 보이지 않는 이익집단이 생기게 되고, 이들이 중국과 외국인 간의 비즈니스 협상에서 의사 결정 과정에 많은 영향을 미치게 된다. 외국인들은 중국 정부의 개입으로 비즈니스 의사 결정에 관료주의가 끼어들고 있다고 불평하고, 정부 관련자들이 비즈니스 협상을 지연시키고 있다고 불평한다.

외국 기업은 중국인 상대방과 협상할 뿐만 아니라 중국 정부 관계자들과도 간접적으로 협상을 하게 된다. 중국 협상팀이 결정을 내릴 때에는 정부 관계자들 혹은 관련한 이익집단에 자문을 구해 내부 합의 혹은 타협을 이끌어 낸다. 정확히는, 의사 결정이 상하관계에서 이루어지는 것과 가깝다. 이와 같이 협상 과정에서 실제 의사 결정자는 협상 전면에 나서지 않지만, 협상 테이블 배후에 머물면서 협상을 조정한다. 협상 테이블에 자신을 노출시키지 않으므로 체면 손실, 법률적 책임 등 가능한 위험 요소로부터 스스로 보호한다.

이는 중국 체제를 보면 쉽게 알 수 있다. 중국의 사회주의적 시장경제의 중앙 통제 시스템이 중국인과의 협상 과정에서 큰 영향을 미치게 된다. 오늘날 중국은 여전히 과거 구소련 통치 스타일의 영향을 받는 사회주의 국가다. 지금 중국의 지도층은 과거 중국을 암흑의 도가니로 몰아넣었던 '대약진 운동'과 '문화혁명'의 피해자라고 할 수 있는 지식인들 위주로 이루어져 있다. 그들은 지금도 사회에서 원로이고, 가정에서는 어른이다. 1980년대 이전의 정치 격변과 정부 행정이 여전히 비즈니스 운영과 일상 사회 생활에 많은 영향을 미치고 있다. 그 결과 중국인들은 위험을 회피하게 되었고 정치권의 반응에 민감하게 되었다. 특히 이러한 '보이지 않는 손'의 영향력은 국영기업이나 국가와 관련된 비즈니스를 다룰 때 극대화된다.

덩샤오핑의
영향력

21

중국 협상가들이 경우에 따라 비윤리적인 행동에 자유로운 이유는, 첫째, 법에 대한 신뢰성이 떨어지기 때문이다. 중국을 사상적으로 지배해 온 유교는 법이 모든 문제를 해결하지 못한다고 본다. 사람의 행동은 외부 법의 강제력이 아니라 스스로 규제하는 도덕적 매커니즘(예의)이 더 중요하다고 보기 때문이다. 오늘날 중국에 세련되고 제도화된 법 시스템이 있다고 해도, 중국인은 여전히 스스로 보호하기 위해 비윤리적일 수 있는 행동을 하고 있다. 중국 문화에서 법은 골칫거리, 협박, 압제, 신뢰할 수 없는 것 등으로 간주되며, 중국인의 행위에 영향을 미치는 효율적인 수단이 되지 못한다. 따라서 중국 문화에서 법은 사람들을 보호해 주지 못하기 때문에, 중국인들은 관시(사람들 간의 관계)에 의존하게 된다.[27]

같은 이유로, 비즈니스 협상 과정에서 중국인들은 종종 법제도에 의존하지 않는다. 중국 사회에서 협상은 꼭 서면으로 하지 않고 구두 서명이나 머리를 끄덕이거나 악수로 합의하는 경우가 많다. 협상 과정에서 법률가는 나타나지 않는다. 법률가가 나타나는 시점은 협상 후반이나 서명할 때다. 협상이 시작되면서부터 검은색 정장을 입은 변호사가 대동하는 서양의 협상 스타일과는 대조적이다.

둘째, 중국 협상가들의 비윤리성에 합리성을 제공하는 데는 덩샤오핑의 영향력이 주요했다. '중국적 특성을 가진 사회주의'라는 슬로건과

---

27 Michael Miles(2003). Negotiating with the Chinese: Lessons from the Field. *The Journal of Applied Behavioral Science*, Vol. 39 No. 4, p. 453-472.

함께 덩샤오핑의 유명한 말 '흑묘백묘론(黑猫白描論)', 즉 '검은 고양이든 하얀 고양이든 쥐를 잡는 고양이가 좋은 고양이다.'에 표현되듯, 중국은 과거 중앙집중 기획정치를 자유경제로 이전시키는 자본주의 접근법을 사용해 왔다.

덩샤오핑의 이 '검은 고양이든 흰 고양이든 쥐만 잡으면 된다.'는 '고양이' 이론은 중국 경제를 어느 정도 향상시키는 효과를 가져왔다. 어느 수단을 사용하든 부자가 되면 된다는 믿음을 합법화시켰고, 이 믿음을 기반삼아 중소 기업들로 구성된 민간 사업 분야가 활성화되었다. 이전 시대에는 '국민을 섬긴다.'는 정신이 있었는데 이제는 '돈을 좇는' 마인드가 확산되었다.

중국인의 이러한 의식 변화는 비즈니스와 관련한 협상을 할 때 과거보다 더 실용주의적이고 결과 중심적인 접근 방법으로 나타난다. 중국인의 실용주의는 너무 지나쳐서 서양 협상가는 중국인들이 '그들만의 윤리 코드'를 갖고 있다고 생각하게 될 정도다.

사실 중국의 이러한 태도는 『손자병법』과 『삼십육계』 등의 중국 고전에서 영향을 받은 측면도 있다. 중국에서 이러한 잠언이나 전통문화와 같이 중국 사회의 핵심을 꿰뚫어 말하는 '보석'으로 묘사된다. 중국의 고전은 학교에서 가르치고 문학과 전통음악에 자주 나오며, 텔레비전 프로그램에도 인용된다. 특히 이 두 책은 대부분 중국인들의 잠재의식에 내제되어 있다고 할 수 있다. 『손자병법』과 『삼십육계』는 전술에서 비롯되기는 했지만 비즈니스, 특히 외국인과의 비즈니스에 대한 중국인의 접근 방법을 반영하고 있다. 흔히 사용하는 중국 표현을 빌리자면 "시장은 전쟁터와 같다."와 같이, 중국인에게 비즈니스는 전쟁과 같다.

일본문화와
협상

일본 협상가의 양면성

22

일본의 협상 스타일의 특징은 무엇일까? 또한 일본문화는 일본인의 협상에서 어떠한 행동적 특징으로 나타나고 있을까? 이를 살펴보기 전에 일본과 협상한 외국인들이 일본의 협상 스타일을 어떻게 보고 있는지 살펴보자.[28]

A "일본인은 메시지 전달에 전형적인 아시아권의 협상가다. 일본인의 애매한 웃음, 'No'라는 대답 대신 사용할 수 있는 일본어 표현은 열세 가지나 된단다. 메시지 전달에 많은 부분이 함축되어 있다."

B "실제로 일본인과 협상하면, 일본 협상가는 정확한 언어를 명시적으로 사용한다. 좋고 싫은 면에 '앗사리(일본어로 '분명하게'라는 뜻)'하게 자신의 입장을 표현한다. 각 사안에 대해 자신의 포지션을 분명히 밝히고 상대방의 포지션을 알기 위해 직설적으로 질문한다."

C "일본인과 협상하는 과정은 인내심을 요한다. 어려운 논의 과정을 거쳐 겨우 합의를 이끌어 냈다 싶으면 얼마 뒤 전혀 다른 입장을 표명하고 조건의 변경을 요구한다."

D "일본인과 진정한 의미의 관계를 맺으려면 20년도 부족하다 그만큼

---

28 Zhang & Kuroda(1989). Beware of Japanese Negotiation Style: How to Negotiate with Japanese Companies. *Northwestern Journal of International Law & Business.* Volume 10 Issue 2, p. 195-212.

일본인과의 장기적인 비즈니스 관계를 맺으려면 비즈니스 관계를 벗어난 외부에서 많은 시간과 공을 들여야 한다."

E "사무실에서는 근엄한 표정으로 협상에만 집중하던 중년이 회식에 가면 '사랑 타령', '나이 타령' 등 신세한탄하는 초라한 중년으로 전락한다."

F "일본은 아시아권이라 애매하고 함축적인 표현을 쓸 것으로 예상했다. 그러나 실제로 일본을 대해 보면 매우 직설적이며 저상황 협상가에 가깝다. 정확한 단어를 쓴다."

G "일본인은 미국과 6개월만 비즈니스 하면 서구적 스타일의 협상가로 돌변한다. 그만큼 국제 감각에 대한 적응력이 있다."

일찍이 『국화와 칼』을 쓴 루스 베네딕트는 일본인의 양면성을 이렇게 설명했다. 국화는 일본의 황실을 상징한다. 일본인은 국화를 좋아하는데, 왜냐하면 다른 꽃들이 피지 않는 차가운 겨울에 홀로 피는 국화가 깨끗하고 청결하고 조용하고 엄숙하고 고귀하다고 생각하기 때문이다. 하지만 그렇게 예의 바르고 착하고 고개를 수그리고 있는 일본 사람들 속에는 무서운 '칼'이 숨겨져 있다. 저자는 이 제목을 통해 일본 사람들의 이중적인 성격을 드러냈다. 일본 사람들 스스로도 자신들은 앞에 내세우는 얼굴과 속마음이 다르다는 것을 인정한다. 일본인 협상가에 대한 다양한 의견을 들어 보면 '국화와 칼' 같은 양면성의 뿌리가 일본인의 협상 스타일에도 있음을 눈치챌 수 있다.

혼네 vs. 다테마에

23

일본은 의견을 피력할 때 두 가지 채널이 있다. 하나는 '혼네(本音, ほんね)'인데 이것은 개인의 본심을 나타낸다. 또 다른 하나는 '다테마에(建前, たてまえ)'인데 이것은 사회적 규범에 근거한 의견을 피력하는 채널이다. 예컨대 일본 매니저는 제시된 의견에 대해 미팅과 같은 공식 채널에서는 '다테마에'적 의견을 피력한다. 반면 회식 등 비공식 세팅에서는 혼네의 의견, 즉 본심을 피력할 수 있다. 즉 공식적이냐 아니면 비공식적이냐의 맥락에 따라 자신의 본심인 혼네를 솔직히 드러낼 수도 있고, 아니면 사회적으로 기대되는 역할에 따라 마땅히 집단적으로 따라야 할 상황에서 조정된 의견인 다테마에를 표현할 수도 있다.[29]

공식적인 첫 만남에서 일본인은 공손하고 말을 아끼고 깍듯하게 예의를 차리는 '노잼' 일본인. 그러나 저녁 회식에 가면 일본인은 경쾌하고 솔직하고 걸쭉한 또 다른 모습을 보여 주기도 한다. 그러다 그다음 날 회의장에 나타나는 일본인은 마치 그 전날 아무런 일도 없었다는 듯이 전과 같이 공손하고 형식적인 자세로 돌아와 있다. 따라서 공식석상에서 표명된 일본인의 다테마에적 의견을 언어 그대로 받아들이고 해석할 수 없는 경우가 많다. 그렇기 때문에 협상 과정에서 일본인이 스스로 혼네를 털어놓을 수 있도록 회식과 같은 비공식적인 만남 혹은 채널이 필요하게 된다.

---

29 정형(2009), 『일본 일본인 일본문화』, 다락원, p. 236.

○ 협상 상대와 친해지기 위해 '네마와시(根回し: 뿌리를 돌리다)' 하라

비공식 만남을 위해 일본은 '네마와시'라는 방법을 사용한다. '네마와시'는 공식적 미팅을 하기 이전에 다른 협상가들과 격식을 떠난 대화 나누기를 선호하는 일본의 소통방법을 말한다. 일본 전통에 의하면 네마와시는 새로 나무를 심을 때 나무가 잘 자라게 하기 위해 나무 주변과 흙을 잘 보듬어 주며 준비하는 커뮤니케이션 과정이다.

특별히 '네마와시' 할 때는 비즈니스와 관련한 이야기를 꺼내기보다 인간적인 관계를 증진시킬 수 있는 평범한 이야기나 일본이 자랑스러워하고 관심 있는 분야(예를 들면, 일본 경제, 일본 야구, 음식, 온천, 관광 등)에 대한 화제를 언급해 상대방과 친밀감을 도모하여, 상대가 혼네를 말할 수 있도록 분위기를 조성해야 한다. 단 일본이 민감해하는 역사(2차 세계대전, 정치 등)나 심한 농담 같은 것은 피하는 것이 좋다.

일반적으로 일본인들의 식사비 지불은 더치페이식으로 한다. 단 식사에 초대받는 경우 지불은 초대한 측이 하는 것이 관례다.

또한 일본인들의 영어에 익숙해야 한다. 일본식 영어를 소위 "쟝글리시(Janglish)"라고 부르는데, 처음 일본인과 영어로 대화하는 이들은 그들의 영어를 알아듣기가 쉽지 않다. 일본인들은 말하면서 줄임말과 일본식 발음의 영어를 자주 쓴다. 이는 일본인들 간에 대화할 때, 영어로서 사용되는 것이 아닌 일본 고유의 언어(일본식 외래어)로 쓰이는 말들이 많기 때문이다. 따라서 협상 전 원활한 소통을 위해 그들의 발음과 표현법을 미리 익혀 두는 것이 중요하다.

○ 협상 단계에 따라 자세를 바꾸라!

일본 협상가는 협상 단계별로 카멜레온처럼 색깔을 바꾼다. 따라서 상대 협상가는 일본 협상가에 맞추어 자신의 협상 스타일을 변화시켜야 한다.

예를 들어, 협상 초기 단계에서 일본인 협상가는 아시아에서 주로 볼 수 있는 전형적인 고상황 협상가다. 매우 친절하고 관계지향적이지만 때로는 애매하기도 하다. 상대방 협상가에 집중하며, 상대방의 눈빛, 악수, 명함 교환, 적절한 침묵과 거리 유지, 대화의 토픽, 목소리, 피치, 좌석 배치 등 모든 상황에서 상대방을 관찰하고 평가한다. 일본 협상가가 사용하는 언어와 비언어 커뮤니케이션은 친절하지만 가식적인 매뉴얼같이 느껴질 때도 있다.

두 번째 '정보 교환 단계'에서 일본 협상가는 전형적인 '저상황 협상가'로 돌변한다. 이 단계에서는 주로 실무진 엔지니어나 중간 매니저들이 협상가로 전선에 나서서 전형적인 '악역(bad guy)' 역할을 담당한다. 첫 거래를 위한 협상의 경우 철저한 점검 과정을 거치는데, 협상 테이블에 오를 수 있는 모든 관련 사항을 사안으로 올린다. 예컨대 협상 사안과 관련된 모든 불확실성을 사안으로 열거하고, 각 사안별로 꼼꼼하게 검토하여 '의문점이 있는 사안'을 철저히 검증하기 전에는 다음 사안으로 넘어가지 않는다. 일본 기업의 엔지니어 품질 기준에 맞추고 있는지, 마케팅 부서라면 이 신제품이 과연 시장성이 있는지, 제조 라인에서는 이 제품이 생산성이 있는지 등의 사안에서 관련 부서 안에서 치밀한 '기업 내부 소통 시스템'이 작동하게 된다. 이 과정에서 일본 협상가는 더 이상 소위 '친절하고 애매한' 일본인이 아니다. 오히려 '까다롭고 분석적인' 미국 협상가에 가깝다고 해도 과언이 아니다.

이와 같이 일본인의 협상 스타일은 양면성을 지니고 있다. 1단계에서 일본 협상가는 상대방을 관찰하고 평가하며, 관계를 형성하려는 고상황 협상가가 될 수 있다. 반면 정보교환 단계로 진전되면 일본인은 미국인 협상가와 같이 '질문을 통한 정보 획득'을 위해 언어 사용이 직설적이며 명시적인 저상황 협상가로 돌변한다. 일본은 의사 결정은 '느림보'이지만 일단 정해진 사안을 실천에 옮길 때는 막힘 없이 진행하는 면이 있다. 싫고 좋은 면이 분명하다. 그러기에 협상의 첫 단추를 잘 끼워야 한다고 충고한다. 일본인은 첫 만남에 인상이 안 좋거나 마음에 안 들면, 즉 당신에게 관심이 없으면 아예 시선을 창밖으로 던진다. 일본인은 철저한 저상황 스타일로 방향 전환을 한다. 정보 교환 단계에서 일본인은 더 이상 애매한 웃음을 흘리며 상대방과 비언어 사인을 관찰하는 공손하고 부드러운 호스트가 아니다. 정보를 얻기 위해 일본인은 '왜(why)'라는 질문을 하나씩 던지며 상대방이 이에 대한 합리적인 대답을 해 주기를 원한다. 날카로운 질문을 하나씩 던지는 일본 협상가는 오히려 미국인보다 더 구체적이고 냉철하고 분석적이다. 상대방에게 납득할 만한 설명을 듣기 전에는 그다음 사안으로 넘어가는 경우가 별로 없다. 이 과정이 상대 협상가의 입장에서는 넘기기 힘든 '인내심 테스트' 기간이다. 그만큼 시간이 많이 걸리고 많은 자료를 제시해야 한다.

링기 vs. 와

24

　일본 기업과 협상하는 외국 기업 협상가가 기억해야 할 것은 ── 다른 모든 협상과 같이 ── 협상에 참여한 일본 협상가 대부분이 실무자일 경우가 많고, 이들은 사실 협상 과정의 한 부분을 차지하는 '대리인'일 뿐이라는 사실이다.

　개인주의적 문화가 팽배한 미국의 경우 대리인에게 의사 결정을 할 수 있는 권한을 상대적으로 많이 부여하는 위임형 문화라고 일컫는 반면, 집단주의적 문화가 만연한 일본의 경우는 한 조직의 상하 조직 전체가 의사 결정에 단계적으로 참여하는 '링기(稟議, りんぎ)'라는 독특한 의사 결정 체계를 따르고 있다.

　'링기'라는 의사 결정 체계는 보통 실무진, 중간 매니저, 임원이 각각 세 단계에 걸쳐 단계별로 진행된다. 이러한 과정이 길고 복잡해도, 일본 기업 협상가들에게는 그들의 개인적 책임을 서로 나누고 기업 내 합의를 형성하는 일본 문화 고유의 독특한 기회가 된다. 또한 이 과정을 거쳐 집단의 지원을 이끌어 내고 유지하기 때문에 링기 시스템에서 회사의 모든 관련 부서 관련자들이 승인을 해 주어야만 임원으로부터 최종 결정이 내려지게 된다.

　일본은 유교 문화권이다. 중국에서 전래된 윤리와 철학 체계가 일본인의 무의식에 새겨져, 수세기 동안 일본의 사회 가치관에 영향을 미치고 있다. 위계질서와 사회적 조화는 개인이 속한 '적절한 위계를 인정하고 이에 맞도록 행동'할 때 성취된다. 즉 유교의 '조화'는 일본의 중요한 사회적 가치다. 조화 정신은 '와(和, わ)'라고 표현되는데 이것이 일본의

집단 구조를 뒷받침한다. 와의 목표는 사회적 관계가 수평적으로 조화를 이루는 것이다. 일본인들은 개인은 집단적 과업의 한 부분을 실행하는 적절한 지위에 놓여져 있을 때 삶의 의미가 있고 그 사회에 유익하다고 본다. 그렇기 때문에 조화는 개인이 그룹 활동에 적당히 참여했을 때 이룰 수 있다. 이를 이루기 위해 일본 회사는 직원들간 사기 진작을 위해 많은 시간을 쓴다. 그래서 서로 하나로 단합하는 상징인 회사 노래나 유니폼, 깃발을 가지고 있다.

이러한 일본의 의사 결정 시스템을 경험한 외국 매니저는 다음과 같이 일본 협상에 대해 정의했다.

"우리 미국은 결정은 하루 만에 하고 그 결정을 실행하는 데 5년이 걸린다. 반면 일본은 결정을 내리는 데 5년이 걸리고 실행은 하루 만에 해 버린다. 만일 일본과 협상하면서 단숨에 성사하려고 한다면 꿈도 꾸지 말아라. 일본에서는 가능하지 않은 말이다."

● 대가 없이 협상 장소를 일본으로 정하지 마라!

일본은 '링기'라는 단계를 거치면서 집단적으로 의사를 결정하는 시스템이기 때문에, 일본인은 협상 장소를 미국이 아닌 일본에서 진행하는 것을 선호한다. 일본 협상가, 특히 실무진은 협상 과정에서 주요 사안이 나올 때마다 상사에게 보고해야 하고, 또한 링기 소통 채널을 통해 다른 동료들과도 합의 과정을 거쳐야 하기 때문이다. 물론 일본 회사가 외국에서 협상하기로 동의한다고 해도 일본의 협상 전략은 여전히 링기 시스템이 가동한다. 그러나 일본 협상가들에게는 물리적이고 공간적인 제약이 많으므로 일본에서 협상하기를 선호할 것이다.[30]

이는 상대 협상가에게는 중요한 정보다. 왜냐하면 일본에 중요한 하

---

30 Adachi, Yumi.(2010). Business Negotiations Between the Americans and the Japanese. *Global Business Language*, 5(21), 19-30.

나의 협상 안건을 알았기 때문이다. 이 경우 일본에서 협상하는 것에 쉽게 동의하지 말고 자신들이 일본에게 원하는 사안과 협상 장소를 맞교환할 수 있는 기회다. 즉 자신들이 일본에 요구하려 했던 협상 안건을 수락해 주는 조건으로 협상 장소를 일본에서 하겠다고 제안할 수 있다.

● 협상 카드를 순차적으로 공개하라!

'링기'라는 일본 특유의 결정 시스템은 일본과 협상할 때 한꺼번에 실무자에게 모든 협상 카드를 보이지 않아야 할 이유가 된다. 예를 들면, 특정 기업 내 위계질서에 바탕을 두고 협상이 단계별로 진행되기 때문이다.

그 대상이 국내 협상이든 국제 협상이든 일반적인 협상 관행에서 일본 회사는 관련 프로젝트를 직접 수행하는 실무진인 낮은 직급이 먼저 협상 전면에 나서서 협상을 시작한다. 이 초기 단계가 지나면, 기업의 관련 부서의 중간 매니저가 처음 협상을 주도했던 부하직원 실무진으로부터 바통을 이어 받아 협상을 하게 된다. 일본의 협상 스타일의 특징은 단계별 협상 스타일의 계속성을 지원하고, 또한 집단적인 의사 결정 시스템의 존속을 지원하고 있다는 것이다.

실무자 협상 단계에서 일본 측이 내린 결정이 상대 협상가에게는 마치 '최종 결정'으로 보이기 싶지만, 사실 일본 측 입장에서는 고위급 임원이나 중간 매니저와 앞으로 협상을 계속하기 위한 '중간 과정'에 불과하다.

이러한 협상 스타일은 일본인들에게 너무나 익숙해져 있는 만큼 실무진과의 1단계 합의가 이루어진 내용도 2단계, 3단계로 올라가면 변경되거나 내용이 뒤바뀌는 것을 일본인은 당연히 여긴다. 반면 미국 협상가는 자기가 속한 회사의 지위와 상관없이 의사결정력이 주어진 위임형 문화에 속한다. 따라서 일본 협상 스타일에 익숙하지 않는 상대방 협상가는 일본 실무진과의 1단계 협상에서 너무 많은 것을 기대하거나, 일본

측 실무진이 협상 과정에서 의사 결정을 의도적으로 발뺌하는 듯한 인상을 받고 좌절하는 실수를 하게 된다.

예컨대 일본 기업의 실무진이 미국 회사와 합작 합의를 위한 협상을 한다고 하자. 1단계 협상에서 일본 실무진이 미국 측에 많은 불리한 조건을 어리석게 받아들였다는 것을 협상 이후 일본 측 법률가의 자문을 통해 나중에 발견하게 되었다. 실무진이 법률 관련 전문지식이 부족하거나 부주의해서 이런 결과가 나올 수 있다. 이런 상황이 발생하면, 일본 기업의 법률가 혹은 고위 임원들은 자기에게 불리한 조건을 번복시키거나 재협상하려고 할 수 있다. 이때 재협상을 요구하는 근거는 전에 이런 불리한 조건을 실수로 받아들인 사람은 실무진이었다고 말한다. 비록 자기네 부하직원이 이런 조건을 받아들였다고 해도 임원들은 받아들일 수 없다고 발뺌한다. 이런 상황에 봉착하게 되면 미국 협상가는 좌절하게 되고 심지어 일본 회사와의 협상을 종결하려고까지 한다. 그러므로 일본 협상가는 협상을 시작할 때 일본 측 상대방에게 어느 정도의 의사 결정력을 갖고 있는지, 그리고 그들이 결정할 수 있는 사안이 무엇인지를 미리 물어보는 것이 현명한 방법이 될 것이다. 또한 만일 가능하다면 협상에서 각 사안에 대한 합의가 이루어질 때마다 그들의 승인이 최종적인 결정인지 아닌지를 협상 과정에서 그때그때 확인해 두는 것이 좋다.

기리 vs. 온

25

같은 유교권에 있는 일본과 한국이라도 인간관계에서는 서로 다른 문화적 양상을 드러낸다. 예컨대 일본의 '기리(義理, ぎり)'는 특별한 관계에 있는 사람, 은혜를 베풀어 준 사람에게는 반드시 답례를 해야 한다. 봉건시대 무사들에게 '기리'는 주군, 즉 영주로부터 받은 '영지'와 같은 은혜에 대해 목숨을 바쳐서라도 주군을 섬기는 것을 말한다. 일본의 기리는 한국의 '의리'와 비슷하기는 해도 실제적으로는 다르다. 한국의 의리는 '의롭고 이치에 맞는다.'는 개념으로, 꼭 은혜에 보답해야 한다는 계약적 의미가 약하다. 반면 기리는 고대 일본의 사무라이와 영주 간의 관계처럼 은혜를 입으면 꼭 갚아야 한다는 '부담'의 의무가 있다.

'온(恩, おん)'이란 호의를 받았을 때 느끼는 깊은 감사의 마음으로, 그와 동시에 상당 부분 부담으로 느끼고 있는 마음도 혼재되어 있는 정신 구조를 가리킨다. 우리의 '은혜'와는 다소 거리가 있는 뉘앙스다. 사람들은 보통 자신을 사랑해 주고 키워 준 부모님이나 다양한 편의와 호의를 베풀어 준 고용주, 그리고 친절하게 지도해 준 선생님에게 은혜를 느끼는 법이다. 이러한 점은 일본인들도 마찬가지인데, 일본에서는 이럴 경우 은혜를 입은 사람들에게 어떤 형태로든 존경심과 충성심을 표시해야 한다고 생각한다. 신세를 졌으니 갚아야 한다고 느끼는 정도가 거의 사회규범 내지 의무감의 경지에 와 있는 것이 일본들의 온이 지니는 정신 구조라고 볼 수 있다.[31]

---

31 Benedict, R.(1946). *The Chrysanthemum and the Sword: Patterns of Japanese Culture.* Boston: Houghton Mifflin Company.

또한 이 개념은 진실한 인간적 유대감과 교류가 바탕이 되어 있다고는 볼 수 없다는 점이 한국어의 은혜와 비교될 수 있을 것이다. 한때 일본에는 필리핀 등 외국인 노동자들을 일본 노인들의 요양사나 가정부로 고용하자는 의견이 나오고는 했지만 흐지부지해졌다. 그 이유도 '온'에서 찾을 수 있다. 같은 일본인도 아닌 외국인이 자기 집에 와서 수발을 들어주고 도와준다면 일본인은 외국인에게 '온'을 입는 것이고, 자신의 위치보다 낮은 사람에게서 '온'을 입을 경우, 일본인은 그들에게 은혜를 갚아야만 하는 '불쾌한 의무감'의 덫에 사로잡히는 셈이다. 당연히 일본인들은 외국인 요양사를 꺼리게 되고, 차라리 인간형 로봇이 낫지 않을까 생각한다. 그래서 일본이 앞으로 인간형 로봇의 세계시장을 주도하게 될 것이라는 예측까지 나온다.

'기리'와 '온'은 협상에서도 유용하게 활용될 수 있다. 소위 이야기하는 '교환의 법칙'이 통할 수 있는 대목이다. 이번 협상에서 선대 혹은 양보한 것이 일본에는 꼭 갚아야 할 부담을 넘어 계약의 의미일 수 있다는 것이다.

원칙성 vs. 남성성 26

○ 일본과는 원칙에 충실한 협상을 하라!

호프스테드[32]는 불확실성을 인내하거나 피하려고 하는 성향이 국가별로 다르게 나타나는 것을 '불확실성 회피(Uncertainty-Avoiding)' 지수로 설명했다.

불확실성에 대한 수용도가 높은 나라는 미국 유럽 등이며, 이들 나라는 주로 불확실성을 받아들이고 이에 대한 대책을 세우려고 한다. 예컨대 미래의 불확실성이 제거될 때까지 관련된 계약 조항의 실행을 보류시키는 조건부 조항(contingency clause)을 계약서에 추가한다. 이들은 비체계적인 상황이나 가변적인 환경을 편안히 받아들이고, 규칙은 되도록 적게 만들려고 한다. 이런 문화의 사람들은 보다 실용적인 경향이 있으며, 변화에 관용적이다.

반면 미래의 불확실성을 현재 시점에서 명시화하는 것을 꺼리는 국가로는 일본이 대표적이다. [표36]에 따르면, 일본이 92점으로 불확실성을 가장 많이 회피한다. 즉 불확실성과 직면하기를 꺼리기 때문에 현재 확실한 질서와 규범을 따르려고 한다. 일본에서 세심함이 요구되는 반도체 전자 산업 등이 발달하고, 매뉴얼에 따라 생활하는 이유가 여기에 있다.

---

32 Hofsted, G.(1991). *Culture and Organizations: Software of the mind.* New york: McGraw-Hill.

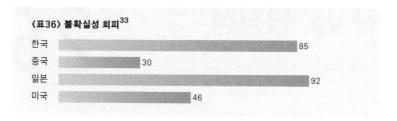

〈표36〉 불확실성 회피[33]

한국	85
중국	30
일본	92
미국	46

이러한 일본의 특성은 협상에서 다음과 같이 적용될 수 있다.

일본 협상팀이 이전에 경험하지 않은 것을 제안하면 설득하기 어렵다.

법규, 규율, 계약, 상관습 등에 어긋나게 되면 협상에 장애가 된다.

일본 협상팀이 다양한 기회를 갖기 위해 여러 협상팀과 협상을 하게 될 때, 원칙에서 어긋난 일본의 BATNA는 쉽게 무력화시킬 수 있다. 예를 들면, 일본 구매업체가 미국, 중국, 이탈리아 제조사와 협상을 하고 있을 때, 중국 업체가 저가의 금액을 제시하여 일본 구매업체의 1차 환심을 사게 되었다. 이때 미국 업체는 중국 업체 제품이 일본에서 사용된 실적이 없다는 것을 지적하거나, 중국 업체 제품이 ISO 규격에 어긋나는 것 등을 지적하면 쉽게 중국 업체를 후보에서 탈락시킬 수 있다.

● 약속을 원칙적으로 충실히 지키라!

일본의 원칙 사랑은 시간 준수나 약속 이행과 같은 것에도 적용된다. 아시아 대부분의 국가는 약속 시간 어기는 것에 대해 관대한 편이다. 예를 들어, 이런 유머가 섞인 대화가 있다.

말레이시아는 10분 늦는다고 상대가 이야기할 경우, 한 시간 뒤쯤 올 것으로 생각한다.

---

33 Hofstede Insight, www.hofstede-insights.com/product/compare-countries.

사우디아라비아에서는 최소 30분 늦게 도착하는 것이 보통이다. 이때 시계를 들여다보는 행위는 상대에게 무례가 된다.

인도인은 시간 엄수를 미덕으로 여기지 않는다.

중앙아시아는 시간 준수보다는 기다려 주는 인내심이 더 중요하다고 생각한다.

그렇다면 한중일은 어떠할까?

중국은 다른 아시아 국가들과 비슷하다. 협상 시간에 조금 늦더라도 상당히 관대한 편이다. 반면 한국은 약간 변화하는 추세에 있다. 과거 한국도 '코리아 타임(Korea time)'이라는 표현을 많이 사용하였다. 이는 약속 시간보다 늦을 것을 당연시하는 문화에서 비롯된 것이다. 그러나 최근 한국은 비즈니스가 많이 글로벌화되면서 약속 시간 준수가 보편화되고 있는 추세다.

반면, 일본은 아시아의 여타 국가와는 많이 다르다. 일본인들은 협상 시간을 철저히 준수한다. 시간 관념이 투철하며, 이를 준수하지 못하면 타인들에게 피해를 주는 행위, 즉 상대방이 시간을 허비하도록 만드는 행위라고 어려서부터 교육받아 왔다. 따라서 약속 시간에 늦는 일은 있을 수 없는 것이다.

약속 엄수는 일본과 협상을 전개함에 있어서 상당히 중요하다. 협상 미팅시간 준수, 자료 제출 기한, 여타 약속 등을 지키는 것은 일본 협상가와 신뢰 관계를 구축하는 데 근본적인 바탕이 된다.

이러한 문화는 협상의 전 과정에 영향을 미친다. 예를 들면, 협상할 때 상대에게 과장된 약속을 해서는 안 된다. 자신이 수행할 수 있는 능력, 여건, 권한 등을 성실하게 전달하고, 이를 지킬 수 없게 되었을 경우 반드시 미리 사정을 설명하면서 사죄의 의사를 표명할 필요가 있다.

○ 일본은 남성적이다

호프스테드의 연구에 따르면, 한중일 중 일본이 남성성이 극히 높다. 남성적 가치관이란 물질 중시, 경쟁력, 자기주장, 성과 등에 대해 중시하는 것을 의미한다. 반면, 여성적 가치관은 사람과의 관계성, 삶의 질 등에 더 의미를 두는 것을 의미한다.

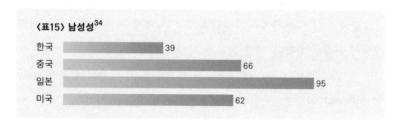

〈표15〉 남성성[34]

한국	39
중국	66
일본	95
미국	62

이를 적용하면, 일본은 겉으로는 상당히 친해 보이더라도 협상 시에는 관계보다 협상 성과를 더 중요시하고, 자기 주장도 생각보다 강할 수 있다는 의미다. 반면 한국은 상대적으로 여성적이기 때문에, 상대와의 관계에 더 치중한 협상을 할 가능성이 높다.

---

34 Hofstede Insight, www.hofstede-insights.com/product/compare-countries.

협상의 힘

**동양 고전으로 이해하는
한중일 협상전략**

1판 1쇄 찍음 2019년 5월 15일
1판 1쇄 펴냄 2019년 5월 20일

지은이   김민호, 안미영
발행인   박근섭, 박상준
펴낸곳   (주)민음사

출판등록   1966. 5. 19. (제16-490호)
주소   서울특별시 강남구 도산대로1길 62 강남출판문화센터 5층 (06027)
대표전화   02-515-2000 팩시밀리 02-515-2007

www.minumsa.com

ISBN 978-89-374-4134-9 (03320)